降低社会保险费率操作实务

《降低社会保险费率操作实务》编写组　编著

中国民主法制出版社

图书在版编目(CIP)数据

降低社会保险费率操作实务 /《降低社会保险费率操作实务》编写组编著. --北京：中国民主法制出版社,2019.6

ISBN 978-7-5162-2022-1

Ⅰ. ①降… Ⅱ. ①降… Ⅲ. ①社会保险-保险费率-研究-中国 Ⅳ. ①F842.61

中国版本图书馆 CIP 数据核字(2019)第 099301 号

图书出品人:刘海涛　　**出版统筹**:乔先彪
特约策划:陈明乾　　**责任编辑**:翟琰萍
发行总监:杨光捷　　**责任校对**:姚丽娅

书名/降低社会保险费率操作实务
作者/《降低社会保险费率操作实务》编写组　编著

出版·发行/中国民主法制出版社
北京市丰台区右安门外玉林里 7 号(100069)
电　话/(010)63055259(总编室) 63057714(营销中心)
传　真/(010)63056975 63056983
Http://www.npcpub.com
E-mail:mzfz@npcpub.com
经　销/新华书店
开　本/32 开(850mm×1168mm)
印　张/7.25　　字　数/181 千字
版　本/2019 年 6 月第 1 版　2019 年 6 月第 1 次印刷
印　刷/山东德州新华印务有限责任公司

书　号/ISBN 978-7-5162-2022-1
定　价/37.00 元

编写说明

为学习和贯彻《国务院办公厅关于印发降低社会保险费率综合方案的通知》(国办发〔2019〕13 号)精神,促进各项降费措施落地,我们编写了这本《降低社会保险费率操作实务》一书。

全书内容分为四个部分。前三部分分别为第一至第三章,第四部分为文件选编。

第一章:我国城镇职工社会保险费征缴概述。因为本次降费的核心内容是降低城镇职工基本养老保险费单位缴费比例和调整社保缴费基数,与以往历次降费措施相比较,力度大,定量指标明确,时间紧,社会关注度高,不论是人社部门的社会保险管理服务机构和税务部门的社会保险费征收机构,还是用人单位的具体承办工作机构,新参加工作人员较多,对我国社会保险费征缴工作的历史和现状了解得还不是很多,所以我们专设了"概述"一章。目的是帮助有关人员对我国社会保险费征缴的历史和现状有个尽快和较系统的了解,以便更好地做好本次降费实施的有关工作。

第二章:政策问答。在本章中,我们对本次降费直接涉及的有关政策问题,紧扣国务院文件精神和参考国家权威部门口径,系统地梳理出"降低社会保险费率的意义""降低社会保险费率的具体内容""落实降费措施后企业社保缴费负担会有实质性下降"和"降低社会保险费率不会影响离退休人员养老金发放"等四个方面的 14 个问题,采取一问一答的形式集中进行解答。目的是将国务院文件精神和国家权威部门的解答更加系统化,更有条理性,更便于理解,更利于政策落地。解答坚持紧扣文件精神,不扩大,不缩小,不发挥,力求保持文件精神原汁原味的原则。

第三章:名词解释。在本章中,并非要对城镇职工基本养老保险单位缴费比例和社保缴费基数所涉及的所有名词都逐一进行解释,而是仅对国办发〔2019〕13 号文件直接涉及的有关名词进行解释。解释原则是:法律法规有明确规定的,依照法律法规;法律法规没有规定,但国家权威部门规范性文件有规定的,依照文件;上述两者都没有规定的,依照权威部门的口径和资料。在体例上按照词典释义要求进行编写,以期使解释更加规范。

第四部分:法律法规与相关文件选编。在这一部分中,除收录国办发〔2019〕13 号文件外,还收录了 2019 年 4 月底前国家有关机关公开发布的与本次降费直接有关的法律法规和政策文件,目的是通过将有关文件选编在一起,以省却有关人员翻检之劳,方便使用。考虑到本部分是文件选编,与上述三部分主要是叙述不同,故在编排顺序上直接排在第三章之后,不列章名,以示与前三部分内容相区别。

本书主要供以下人员在工作中使用:1. 各级人社部门社会保险管理和服务机构人员;2. 各级税务部门有关机构人员;3. 各级工会组织有关人员;4. 各类用人单位社保承办人员;5. 广大劳动者;6. 大专院校和科研院所有关人员;7. 社会法律工作者。

由于时间紧促,编写者领会文件精神能力还有待提高,读者在使用中如发现书中存在问题,请及时与我们联系,以便再版时订正。

《降低社会保险费率操作实务》编写组

2019 年 4 月

目　录

第一章　我国城镇职工社会保险费征缴概述

第二章　政策问答

第三章　名词解释

法律法规与相关文件选编

第一章　我国城镇职工社会保险费征缴概述

我国城镇职工社会保险制度改革自 20 世纪 80 年代中期起步，三十多年来，经历了自下而上、再从上而下发展的历史进程。期间，社会保险费征缴从开始试点到制度日臻完善，覆盖范围稳步扩大，从单一险种到多险种，费率和费基确定日益科学，征缴管理体制日趋成熟，为建立适合我国国情、具有新时代社会主义特色的社会保障制度积累了丰富的经验，起到了保证我国经济和社会稳定发展的基石作用。

因本书是配合贯彻落实国办发〔2019〕13 号文件精神的实务性用书，不是论述社会保险费征缴的专门著述，故仅对国务院文件中涉及到的单位缴费比例和基数等有关问题作一概括性叙述，包括：企业职工基本养老保险费征缴、机关事业单位基本养老保险费征缴、工伤保险费征缴、失业保险费征缴、社会保险费缴费基数、城镇企业职工基本养老保险省级统筹、城镇企业职工基本养老保险基金中央调剂、划转部分国有资产充实社会保险基金、养老保险基金投资运营和社会保险费征缴管理体制等，而对城镇职工基本医疗保险和生育保险、居民养老保险和医疗保险等其他有关社会保险费方面的问题不作介绍。

毋庸置疑的是，虽然本次降低费率和调整基数未直接涉及到城镇职工基本医疗保险和生育保险，但调整缴费基数政策实施也间接地降低了单位和职工个人缴费额，客观上减轻了单位和个人缴费负担，进而提高了企业的盈利能力，增强了企业的竞争力，从长期来看，有利于企业的良性发展。反过来，也无疑会促使医疗和生育保险参保率的提高，对医疗保险基金的科学可持续发展起到积极作用。

第一节　企业职工基本养老保险费征缴

全国城镇企业职工基本养老保险费征缴，是随着我国的整个经济体制改革进程的发展，作为养老保险制度改革的一个组成部分，从无到有，先自下而上，再自上而下，从较小范围到覆盖全部各类用人单位，涵盖个体工商户和广大灵活就业人员。单位缴费比例从高到低，缴费基数由两个“双基数”过渡到一个单基数。对减轻企业负担，优化营商环境，完善社会保险制度起到了积极的促进作用。

一、试点地区合同制工人养老保险费征缴

现行的城镇企业职工基本养老保险制度的建立起始于20世纪80年代中期。当时，作为转换国营企业经营机制的配套措施，国家首先在部分城市试行招用合同制工人。合同制工人试行与原国有企业固定职工和其他非正式用工（临时工、季节工、亦工亦农工等）不同的养老保险办法。新招用的合同制工人退休养老费用试行社会统筹。统筹层级以县（市）为单位，单位和个人缴纳养老保险费，待职工退休时，退休费由养老保险统筹基金支付。

缴费比例和基数各试点地区不一，有高有低。如有的地方规定：用工单位按合同制工人工资总额的20%税前提取，计入成本，按月交劳动保险公司；合同制工人按本人标准工资的2%。待业期间自愿投保，按合同制工人平均工资总额的22%缴纳。而有的地区仅单位缴费比例则高达30%。

二、劳动合同制工人养老保险费征缴

以贯彻落实国发〔1986〕77号文为标志，从1986年10月1日起开始实施《国营企业招用工人暂行规定》和《国营企业实行劳动合同制暂行规定》。《国营企业实行劳动合同制暂行规定》

第二十六条："国家对劳动合同制工人退休养老实行社会保险制度。退休养老基金的来源，由企业和劳动合同制工人缴纳。""企业缴纳的退休养老基金，在缴纳所得税前列支，缴纳的数额为劳动合同制工人工资总额的15%左右。""劳动合同制工人缴纳的退休养老基金数额为不超过本人标准工资的3%。"

从此，国营企业新招工人实行劳动合同制，劳动合同制工人退休费用试行社会统筹，企业缴纳劳动合同制工人退休养老基金的比例为劳动合同制工人工资总额的15%左右，具体由省（区、市）人民政府规定。《山东省关于〈国营企业实行劳动合同制暂行规定〉的实施细则》中规定：合同制工人退休养老基金，用工单位按合同制工人工资总额的18%缴纳；工人本人按月标准工资的3%缴纳。但在实践中，因为统筹层级多在县（市）、地区（设区市），单位缴费比例也不尽一致。

三、国营企业固定职工退休费用社会统筹试点阶段养老保险费征缴

在国营企业劳动合同制工人退休费用实行社会统筹全面推开以后，国营企业固定职工退休费用社会统筹试点工作陆续展开。

固定职工退休费用社会统筹单位缴费比例和基数各试点地区不尽一致。缴费比例高的地区在27%—28%左右，低的也多在23%以上。基数有双基数，有单基数。"双基数"是指：企业以本单位全部离退休人员退休费用总额的一定比例缴费，同时还要以本单位全部在职职工工资总额的一定比例缴费，即"双基数"。这种情况一般是在离退休人员较多的企业采用。有的地方则按照每月各单位全部固定职工的工资总额的一定比例缴费，亦即"单基数"。这种办法主要在离退休人员较少或新开办企业中试行。

采用"双基数"和"单基数"两个基数并存的目的是为了避免一些新开办企业不参加统筹，以减少扩面工作难度。新开办企业有的没有离退休人员，有的离退休人员很少，离退休费用支出几乎可以忽略不计，而新工人又较多，距离退休时间较长，他们没有参加统筹的积极性。为了均衡企业负担，有利于统筹试点工作推进，故采取两个基数并存办法。

四、企业职工养老保险制度改革阶段养老保险费征缴

1991 年 6 月，国务院印发《国务院关于企业职工养老保险制度改革的决定》（国发〔1991〕33 号）。国发〔1991〕33 号文要求在总结各地经验的基础上，对企业职工养老保险制度进行改革。改革的基本内容是：1. 基本养老保险基金由政府根据支付费用的实际需要和企业、职工的承受能力，按照以支定收、略有结余、留有部分积累的原则统一筹集，具体提取比例和积累率由省（区、市）人民政府经实际测算后确定，并报国务院备案；2. 企业缴纳的基本养老保险费，按本企业职工工资总额和当地政府规定的比例在税前提取；3. 尚未实行基本养老保险基金省级统筹的地区，要积极创造条件，由目前的市、县统筹逐步过渡到省级统筹。实行省级统筹后，原有固定职工和劳动合同制职工的养老保险基金要逐步按统一比例提取，合并调剂使用。具体办法由各省、自治区、直辖市人民政府制定。

国发〔1991〕33 号文没有就单位缴纳养老保险费比例作出统一规定，仅规定了企业职工基本养老保险基金的筹集原则是“以支定收、略有结余、留有部分积累”，企业按本企业职工工资总额提取基本养老保险费，具体提取比例和积累率由省（区、市）人民政府确定。同时，文件还规定了统筹层级要由市、县统筹逐步向省级统筹过渡，待实行省级统筹后，原有固定职工和劳动合同制职工的养老保险基金要逐步按统一比例提取，合并调剂使用。在实际执行过程中，因中央规定由省级人民政府确定，由于各地经济社会的发展不平衡等诸多原因，不仅造成了不同省区的单位缴费比例不一，差别甚大，即使是在同一省区的不同地区（设区市）单位缴费比例和改革展开时间也是高的高，低的低，早的早，晚的晚。但总的来看，由于中央要求养老保险

“双基金池”合并为“单基金池”，各地的养老保险单位缴费率仍呈下降趋势。

五、深化企业职工养老保险制度改革阶段养老保险费征缴

1995年3月，国务院印发《国务院关于深化企业职工养老保险制度改革的通知》（国发〔1995〕6号）。国发〔1995〕6号文对企业单位缴费比例仍然没有作出统一规定，仅要求“在充分测算论证的基础上进行统筹安排。要严格控制基本养老保险费的收缴比例和基本养老金的发放水平，减轻企业和国家的负担”。

国发〔1995〕6号文有两个附件。两个附件也都没有对企业缴纳养老保险费比例问题作出统一规定。附件一规定：“企业按职工工资总额的一定比例缴纳基本养老保险费。为度过本地区人口老龄化高峰，各地应按照部分积累制的筹资模式，测定长期的统筹费率。目前可先按当地现行的统筹费率缴纳养老保险费，通过提高收缴率和扩大覆盖面等措施，力求统筹费率稳定在测定的标准上并有所下降，以逐步减轻企业负担。”附件二规定：“企业按当地政府规定的比例缴费，并在税前列支。”两个附件，一个要求按照职工工资总额的一定比例缴纳，另一个要求按照当地政府规定的比例缴费。但具体费率还是由统筹地区的人民政府决定。但有一点是确定的，中央要求统筹费率稳定在测定的标准上并有所下降，这是中央文件第一次明确要降低养老保险缴费比例。

1995年5月，劳动部关于印发《关于贯彻〈国务院关于深化企业职工养老保险制度改革的通知〉的实施意见》的通知（劳部发〔1995〕207号）公开发布。劳部发〔1995〕207号文规定：“随着个人缴费比例的逐步提高，一般不再提高企业缴费的比例，以减轻企业的负担。”

从实际执行层面来看，从贯彻执行国发〔1995〕6号文的当年到2018年底的二十多年时间里，单位养老保险缴费比例总体呈逐年下降趋势。

六、完善企业职工基本养老保险制度阶段养老保险费征缴

2005 年 12 月，国务院印发《国务院关于完善企业职工基本养老保险制度的决定》（国发〔2005〕38 号）。国发〔2005〕38 号文对企业基本养老保险单位缴费比例同样没有作出新的规定，但要求“城镇各类企业职工、个体工商户和灵活就业人员都要参加企业职工基本养老保险。”并对城镇个体工商户和灵活就业人员参加城镇职工基本养老保险的缴费基数和缴费比例作出了明确规定：“城镇个体工商户和灵活就业人员参加基本养老保险的缴费基数为当地上年度在岗职工平均工资，缴费比例为 20%，其中 8%记入个人账户，退休后按企业职工基本养老金计发办法计发基本养老金。”此后到 2019 年 4 月底，一直执行上述基数和比例政策。

七、全国执行统一的城镇职工基本养老保险单位缴费比例与城镇个体工商户和灵活就业人员参保缴费政策

从贯彻执行国发〔1995〕6 号文到 2019 年 4 月的二十多年时间里，中央多次要求减轻企业负担，降低企业养老保险缴费。特别是近年来，中央领导多次谈到社会保险实质性降费问题。

为降低企业成本，增强企业活力，2016 年 4 月，人力资源社会保障部、财政部公开印发《关于阶段性降低社会保险费率的通知》（人社部发〔2016〕36 号）。文件规定：“从 2016 年 5 月 1 日起，企业职工基本养老保险单位缴费比例超过 20%的省（区、市），将单位缴费比例降至 20%；单位缴费比例为 20%且 2015 年底企业职工基本养老保险基金累计结余可支付月数高于 9 个月的省（区、市），可以阶段性将单位缴费比例降低至 19%，降低费率的期限暂按两年执行。”

企业基本养老保险的降费方案包括三个限制条件，是有条件的阶段性的降费：一是有条件的省份降低费率；二是降低费率的期限暂按两年来执行；三是降低一个百分点。此时，符合文件规定条件的有 21 个省，降费政策实施到位，每年可降低企业成本

386亿元。

为进一步降低企业用工成本，增强企业发展活力，2018年4月，人力资源社会保障部、财政部印发《关于继续阶段性降低社会保险费率的通知》（人社部发〔2018〕25号）。文件规定：自2018年5月1日起，企业职工基本养老保险单位缴费比例超过19%的省（区、市），以及按照人力资源社会保障部、财政部《关于阶段性降低社会保险费率的通知》（人社部发〔2016〕36号）单位缴费比例降至19%的省（区、市），基金累计结余可支付月数（截至2017年底，下同）高于9个月的，可阶段性执行19%的单位缴费比例至2019年4月30日。

2019年4月，《国务院办公厅关于印发降低社会保险费率综合方案的通知》（国办发〔2019〕13号）公开发布。国办发〔2019〕13号文明确规定："自2019年5月1日起，降低城镇职工基本养老保险（包括企业和机关事业单位基本养老保险，以下简称养老保险）单位缴费比例。各省、自治区、直辖市及新疆生产建设兵团（以下统称省）养老保险单位缴费比例高于16%的，可降至16%；目前低于16%的，要研究提出过渡办法。""完善个体工商户和灵活就业人员缴费基数政策。个体工商户和灵活就业人员参加企业职工基本养老保险，可以在本省全口径城镇单位就业人员平均工资的60%至300%之间选择适当的缴费基数。"

自此，经过三十多年的不懈努力，城镇企业职工基本养老保险单位缴费比例终于实现了全国统一。这一方案的有效实施，不仅减轻了企业负担，改善了企业营商环境，还为下一步实现养老保险省级统收统支、进而过渡到养老保险全国统筹打下了坚实的基础。

第二节　机关事业单位基本养老保险费征缴

从20世纪90年代初至2014年9月的二十多年中，与城镇企业职工基本养老保险制度改革相适应，按照中央部署，各地相继开展了机关事业单位工作人员养老保险制度改革试点和探索工作。但由于是以省级人民政府为主导，各地政策不一，就是在同一省级行政区域内，制度也不尽统一，更没有在国家层面形成一套完整的施行办法。

2015年1月，《国务院关于机关事业单位工作人员养老保险制度改革的决定》（国发〔2015〕2号）公开发布。国发〔2015〕2号文规定：（1）自2014年10月1日起，改革机关事业单位工作人员养老保险制度；（2）实行社会统筹与个人账户相结合的基本养老保险制度；（3）基本养老保险费由单位和个人共同负担，单位缴纳基本养老保险费（以下简称单位缴费）的比例为本单位工资总额的20%。自此以后，在国家层面，实行了全国统一的机关事业单位工作人员基本养老保险制度。新制度施行四年多来，单位缴费比例和缴费基数一直保持全国统一。

国办发〔2019〕13号规定："自2019年5月1日起，降低城镇职工基本养老保险（包括企业和机关事业单位基本养老保险，以下简称养老保险）单位缴费比例。各省、自治区、直辖市及新疆生产建设兵团（以下统称省）养老保险单位缴费比例高于16%的，可降至16%……"这是自从实行全国统一的机关事业单位基本养老保险制度改革以来的第一次降低单位缴费比例。降幅1/5，大大缓解了部分单位缴费负担，也必定对增强这部分单位的综合竞争力起到积极的促进作用。

第三节　失业保险费征缴

20世纪80年代中期，围绕和配合国营企业转换经营机制，国家部署进行企业劳动制度改革。为适应劳动制度改革的需要，促进劳动力合理流动，保障国营企业职工在待业期间的基本生活需要，1986年7月，国务院印发《国务院关于发布改革劳动制度四个规定的通知》（国发〔1986〕77号）。其中，《国营企业职工待业保险暂行规定》作为全面改革劳动制度的主要内容随之印发。自此开始，在新中国宣布消灭失业的三十多年后，国营企业职工待业保险工作提上我国经济体制改革的议事日程。由于处于改革开放初期，当时称“失业”为“待业”，“失业保险”为“待业保险”。到2019年4月底，其间的三十余年，失业保险费征缴多次进行调整。

一、《国营企业职工待业保险暂行规定》规定的缴费比例

《国营企业职工待业保险暂行规定》：“第三条　职工待业保险基金的来源：（一）企业按照其全部职工标准工资总额的1%缴纳的待业保险基金（缴纳所得税前列支）……”规定仅明确企业缴费，缴费比例为本企业全部职工工资总额的1%。待业职工个人不缴费。

二、《国有企业职工待业保险规定》规定的缴费比例

1993年4月，国务院发布《国有企业职工待业保险规定》（国务院令第110号）。

国务院令第110号规定“第四条　待业保险基金的来源：（一）企业缴纳的待业保险费；（二）待业保险费的利息收入；（三）财政补贴。”“第五条　企业按照全部职工工资总额的0.6%缴纳待业保险费。待业保险基金不足或者结余较多的，经省、自治区、直辖市人民政府决定，可以适当增加或者减少企业

缴纳的待业保险费，但是企业缴纳的待业保险费总额最多不得超过企业职工工资总额的1%。”

国务院令第110号虽规定了企业缴纳失业保险费的比例为本企业全部职工工资总额的0.6%，但又留有余地。对基金不足或基金结余较多的地方，允许由省级（区、市）人民政府决定适当增加或减少，但又规定了最高限额，即总额不得超过企业工资总额的1%。

国务院令第110号与国发〔1986〕77号文相比，其所规定的单位缴费比例有所下调。规定了失业保险费缴费区间为“0.6%—1%”。共同的一点仍然是职工个人不缴费。

三、《失业保险条例》规定的缴费比例

1999年1月，国务院发布《失业保险条例》（国务院令第258号）。

国务院令第258号第二条规定：“城镇企业事业单位、城镇企业事业单位职工依照本条例的规定，缴纳失业保险费。”第五条：“失业保险基金由下列各项构成：（一）城镇企业事业单位、城镇企业事业单位职工缴纳的失业保险费……”第六条：“城镇企业事业单位按照本单位工资总额的百分之二缴纳失业保险费。城镇企业事业单位职工按照本人工资的百分之一缴纳失业保险费。城镇企业事业单位招用的农民合同制工人本人不缴纳失业保险费。”

自此，确立了失业保险企事业单位和职工个人缴费制度。单位缴费按工资总额的2%，职工个人按本人工资的1%，合计3%。此后，一致沿用3%的缴费制度。

四、失业保险第一次降费

2015年2月，人力资源社会保障部、财政部印发《关于调整失业保险费率有关问题的通知》（人社部发〔2015〕24号）。

人社部发〔2015〕24号文规定：“一、从2015年3月1日起，失业保险费率暂由现行条例规定的3%降至2%，单位和个人缴费的具体比例由各省、自治区、直辖市人民政府确定。在省、自治区、直辖市行政区域内，单位及职工的费率应当统一。”这是实行失业保险制度近二十年来的第一次降低费率。由3%降到2%，降幅达1/3。单位和个人的具体缴费比例由省级（区、市）人民政府确定。但在省辖区域内，应当统一。此次降低费率的时间到2016年4月30日。至2015年9月底，全国31个省（区、市）及新疆生产建设兵团全部印发降低失业保险费率的相关政策措施。

五、阶段性降低社会保险费率

2016年4月，人力资源社会保障部、财政部印发《关于阶段性降低社会保险费率的通知》（人社部发〔2016〕36号）。

人社部发〔2016〕36号文规定：“二、从2016年5月1日起，失业保险总费率在2015年已降低1个百分点基础上可以阶段性降至1%—1.5%，其中个人费率不超过0.5%，降低费率的期限暂按两年执行。具体方案由各省（区、市）确定。”

此次降费，是《失业保险条例》发布后的第二次降费。本次降费，总的降低了0.5个百分点，最低降幅1/4，缴费区间：1%—1.5%。但同时又规定：个人缴费不超过0.5%，锁定了个人缴费上限。

据测算，按照各地总费率降低0.5%—1%，每年可以降低企业成本约300亿—600亿元。

六、再次阶段性降低失业保险费率

2017年2月，人力资源社会保障部、财政部印发《关于阶段性降低失业保险费率有关问题的通知》（人社部发〔2017〕14号），再次降低失业保险费率。自2017年1月1日开始，执行至2018年4月30日。

人社部发〔2017〕14号文规定：“一、从2017年1月1日起，失业保险总费率为1.5%的省（区、市），可以将总费率降至1%，降低费率的期限执行至2018年4月30日。在省（区、市）行政区域内，单位及个人的费率应当统一，个人费率不得超过单位费率。具体方案由各省（区、市）研究确定。二、失业保险总费率已降至1%的省份仍按照《人力资源社会保障部 财政部关于阶段性降低社会保险费率的通知》（人社部发〔2016〕36号）执行。”

此次降费，是《失业保险条例》发布后的第三次降费。本次降费，原来执行1.5%费率的22个省份（含新疆生产建设兵团），再降0.5%，降幅1/3。至此，失业保险费率全部统一在1%水平。同时又规定了在省（区、市）行政区域内，单位及个人的费率应当统一，个人费率不得超过单位费率。

据测算，本次降费政策落地，可以为企业降低成本大约200亿元。

七、继续阶段性降低社会保险费率

2018年4月，人力资源社会保障部、财政部印发《关于继续阶段性降低社会保险费率的通知》（人社部发〔2018〕25号）。

人社部发〔2018〕25号文规定：“二、自2018年5月1日起，按照《人力资源社会保障部 财政部关于阶段性降低失业保险费率的通知》（人社部发〔2017〕14号）实施失业保险总费率1%的省（区、市），延长阶段性降低费率的期限至2019年4月30日。具体方案由各省（区、市）研究确定。”

八、延长阶段性降低失业保险费率

2019年4月，《国务院办公厅关于印发降低社会保险费率综合方案的通知》（国办发〔2019〕13号）发布。

国办发〔2019〕13号文规定：“自2019年5月1日起，实施失业保险总费率1%的省，延长阶段性降低失业保险费率的期限至2020年4月30日。”

至此，自《失业保险条例》发布以来，失业保险费率实现了五次降低费率或阶段性降低费率。由《失业保险条例》规定的制度费率3%下降到1%，降幅2/3。失业保险降费，大大减轻了企业负担，为实现企业特别广大中小企业的良性发展，特别是做大做强民营经济，无疑会起到极大的促进作用。

第四节　工伤保险费征缴

我国现行的企业职工工伤保险社会统筹工作，发轫于20世纪90年代初期。作为劳动制度改革的重要内容，劳动部部署在部分省（区、市）的部分县（市）进行试点工作。

1995年1月，为施行《中华人民共和国劳动法》，按照中央部署，劳动部组织继续在部分省（区、市）的县（区、市）开展企业职工工伤保险统筹试点工作。1996年8月，劳动部印发《企业职工工伤保险试行办法》（劳部发〔1996〕266号）。劳部发〔1996〕266号文的印发试行，标志我国试行企业职工工伤保险社会统筹试点工作开始。此后的二十多年中，工伤保险费单位缴费比例总体呈下降态势。

一、劳部发〔1996〕266号文规定的单位缴费比例

劳部发〔1996〕266号规定："各地要在认真、细致测算的基础上确定工伤保险费率。目前平均工伤保险费率一般不超过工资总额的1%，尽量减轻企业负担。"自此，确定了企业工伤保险总体不超过工资总额的1%的缴费机制。

劳部发〔1996〕266号文印发时，全国已有25个省、自治区的1100多个市县试行了工伤保险制度改革。为了不增加企业负担，文件要求："三、建立机制，促进工伤保险与安全生产相结合。要认真制定和严格执行差别费率和浮动费率，通过工伤保险的奖惩机制促进安全生产和工伤、职业病的预防。""已经开展改革试点的地区，要按照《试行办法》规范各项待遇标准和费用项目，重新测算并适当调整费率。实行改革满五年的地区，要在今年底以前做好差别费率调整工作。"在确定企业缴费总体不超过工资总额1%的同时，文件要求各地制定和严格执行差别费率和浮动费率，进而确立了企业职工工伤保险总费率控制与实

行差别费率和浮动费率的机制。

二、《工伤保险条例》确定的缴费比例

2003 年 4 月，国务院公布《工伤保险条例》。文件规定："第七条　工伤保险基金由用人单位缴纳的工伤保险费、工伤保险基金的利息和依法纳入工伤保险基金的其他资金构成。第八条　工伤保险费根据以支定收、收支平衡的原则，确定费率。国家根据不同行业的工伤风险程度确定行业的差别费率，并根据工伤保险费使用、工伤发生率等情况在每个行业内确定若干费率档次。行业差别费率及行业内费率档次由国务院社会保险行政部门制定，报国务院批准后公布施行。统筹地区经办机构根据用人单位工伤保险费使用、工伤发生率等情况，适用所属行业内相应的费率档次确定单位缴费费率。"

《工伤保险条例》以行政法规形式，确立了工伤保险费征缴"以支定收、收支平衡"原则，行业差别费率和行业内费率差别确定机制"由国务院社会保险行政部门制定，报国务院批准后公布施行"。

为贯彻实施《工伤保险条例》，2003 年 10 月，人力资源社会保障部等 4 部门印发《关于工伤保险费率问题的通知》（劳社部发〔2003〕29 号）。文件规定："一、关于行业划分　根据不同行业的工伤风险程度，参照《国民经济行业分类》（GB/T 4754-2002），将行业划分为三个类别：一类为风险较小行业，二类为中等风险行业，三类为风险较大行业。三类行业分别实行三种不同的工伤保险缴费率。统筹地区社会保险经办机构要根据用人单位的工商登记和主要经营生产业务等情况，分别确定各用人单位的行业风险类别。行业风险分类见附件。二、关于费率确定　各省、自治区、直辖市工伤保险费平均缴费率原则上要控制在职工工资总额的 1.0%左右。在这一总体水平下，各统筹地区三类行业的基准费率要分别控制在用人单位职工工资总额的 0.5%左右、1.0%左右、2.0%左右。各统筹地区劳动保障部门

要会同财政、卫生、安全监管部门，按照以支定收、收支平衡的原则，根据工伤保险费使用、工伤发生率、职业病危害程度等情况提出分类行业基准费率的具体标准，报统筹地区人民政府批准后实施。基准费率的具体标准可定期调整。三、关于费率浮动
用人单位属一类行业的，按行业基准费率缴费，不实行费率浮动。用人单位属二、三类行业的，费率实行浮动。用人单位的初次缴费费率，按行业基准费率确定，以后由统筹地区社会保险经办机构根据用人单位工伤保险费使用、工伤发生率、职业病危害程度等因素，一至三年浮动一次。在行业基准费率的基础上，可上下各浮动两档：上浮第一档到本行业基准费率的120%，上浮第二档到本行业基准费率的150%，下浮第一档到本行业基准费率的80%，下浮第二档到本行业基准费率的50%。费率浮动的具体办法由各统筹地区劳动保障行政部门会同财政、卫生、安全监管部门制定。”

三、部分行业企业工伤保险费缴纳办法

2010年12月，人力资源社会保障部公布《部分行业企业工伤保险费缴纳办法》（人力资源和社会保障部令第10号）（简称人社部10号令）。

人社部10号令规定，建筑、服务、矿山等行业中难以直接按照工资总额计算缴纳工伤保险费的建筑施工企业、小型服务企业、小型矿山企业等，可以实行单独缴费办法：1. 建筑施工企业可以实行以建筑施工项目为单位，按照项目工程总造价的一定比例，计算缴纳工伤保险费；2. 商贸、餐饮、住宿、美容美发、洗浴以及文体娱乐等小型服务业企业以及有雇工的个体工商户，可以按照营业面积的大小核定应参保人数，按照所在统筹地区上一年度职工月平均工资的一定比例和相应的费率，计算缴纳工伤保险费；也可以按照营业额的一定比例计算缴纳工伤保险费；3. 小型矿山企业可以按照总产量、吨矿工资含量和相应的费率计算缴纳工伤保险费。

人社部 10 号令虽然规定了上述部分行业企业可以实行与普通企业不同的缴费办法，但因为是工伤保险实行的在设区市级统筹，具体计算办法，人社部 10 号令规定仍由省级社会保险行政部门根据本地区实际情况确定。

四、2015 年调整工伤保险费率

按照党的十八届三中全会提出的“适时适当降低社会保险费率”的精神，经国务院批准，2015 年 7 月，人力资源社会保障部、财政部印发《关于调整工伤保险费率政策的通知》（人社部发〔2015〕71 号）。

人社部发〔2015〕71 号文规定：1. 自 2015 年 10 月 1 日起，调整现行工伤保险费率政策；2. 根据不同行业的工伤风险程度，由低到高，依次将行业工伤风险类别划分为一类至八类，一类至八类分别控制在该行业用人单位职工工资总额的 0.2%、0.4%、0.7%、0.9%、1.1%、1.3%、1.6%、1.9%左右；3. 一类行业分为三个档次，即在基准费率的基础上，可向上浮动至 120%、150%，二类至八类行业分为五个档次，即在基准费率的基础上，可分别向上浮动至 120%、150%或向下浮动至 80%、50%。

五、阶段性降低工伤保险费率

为降低企业成本，增强企业活力，2016 年 4 月，人力资源社会保障部、财政部印发《关于阶段性降低社会保险费率的通知》（人社部发〔2016〕36 号）。文件规定：继续贯彻落实国务院 2015 年关于降低工伤保险平均费率 0.25 个百分点的政策。

六、继续阶段性降低工伤保险费率

为进一步降低企业用工成本，增强企业发展活力，2018 年 4 月，人力资源社会保障部、财政部印发《关于继续阶段性降低社会保险费率的通知》（人社部发〔2018〕25 号）。

人社部发〔2018〕文规定：“三、自 2018 年 5 月 1 日起，在保持八类费率总体稳定的基础上，工伤保险基金累计结余可支付月数在 18（含）至 23 个月的统筹地区，可以现行费率为基础下调20%；累计结余可支付月数在24个月（含）以上的统筹地区，可以现行费率为基础下调50%。降低费率的期限暂执行至2019年4月30日。下调费率期间，统筹地区工伤保险基金累计结余达到合理支付月数范围的，停止下调。具体方案由各省（区、市）研究确定。”

七、延长阶段性降低工伤保险费率

为确保企业特别是小微企业社会保险缴费负担有实质性下降，2019年4月1日，《国务院办公厅关于印发降低社会保险费率综合方案的通知》（国办发〔2019〕13号）公开发布。

国办发〔2019〕13号文规定："自2019年5月1日起，延长阶段性降低工伤保险费率的期限至2020年4月30日，工伤保险基金累计结余可支付月数在18至23个月的统筹地区可以现行费率为基础下调20%，累计结余可支付月数在24个月以上的统筹地区可以现行费率为基础下调50%。”

第五节　社会保险缴费基数

我国城镇职工基本养老保险最先在国营企业招用的劳动合同制工人中试行。《国营企业实行劳动合同制暂行规定》（国发〔1986〕77号）号："第二十六条　国家对劳动合同制工人退休养老实行社会保险制度。""企业缴纳的退休养老基金，在缴纳所得税前列支，缴纳的数额为劳动合同制工人工资总额的15%左右。""劳动合同制工人缴纳的退休养老基金数额为不超过本人标准工资的3%。"明确规定了劳动合同制工人基本养老保险费缴费基数：单位缴费按劳动合同制工人工资总额，职工个人按本人标准工资。

国营企业固定职工试行退休费用社会统筹后初期的缴费基数确定。由于当时企业职工基本养老保险社会统筹制度处于试点阶段，具体办法中央不作统一规定，由各省（区、市）人民政府决定，故各省开展时间有早有晚，办法不尽一致。有的地方在同一省区内制度也不尽相同。所以，在制度改革初期，企业职工基本养老保险社会统筹费用缴费基数既有劳动合同制工人的缴费基数，又有固定职工退休费用社会统筹的"单基数"与"双基数"之分。

1991年6月，国务院印发《国务院关于企业职工养老保险制度改革的决定》（国发〔1991〕33号）。国发〔1991〕33号文规定：企业缴纳的基本养老保险费，按本企业职工工资总额和当地政府规定的比例在税前提取。"七、尚未实行基本养老保险基金省级统筹的地区，要积极创造条件，由目前的市、县统筹逐步过渡到省级统筹。实行省级统筹后，原有固定职工和劳动合同制职工的养老保险基金要逐步按统一比例提取，合并调剂使用。具体办法由各省、自治区、直辖市人民政府制定。"

劳动合同制工人的缴费基数与固定职工的缴费基数合并时间各地也有早有晚。总之，以国发〔1991〕33号文为标志，各地陆续将二者合并为统一的缴费基数。

1995年3月，《国务院关于深化企业职工养老保险制度改革的通知》(国发〔1995〕6号）公开印发。文件指出："现行的企业职工养老保险制度还不能适应建立社会主义市场经济体制的要求，必须进一步深化改革。"

国发〔1995〕6号文对实行社会统筹与个人账户相结合提出两个实施办法，由地、市（不含县级市）提出选择意见报省、自治区人民政府批准，直辖市由市人民政府选择。相应的，在缴费基数方面同时也提出两种办法。附件一的办法是：职工本人上一年度月平均工资为个人缴费工资基数，企业按职工工资总额的一定比例缴纳基本养老保险费；月平均工资超过当地职工平均工资200%或300%以上的部分，不计入个人缴费工资基数；低于当地职工平均工资60%的，按60%计入。附件二的办法是：(1）职工本人上一年度月平均工资为个人缴纳基本养老保险费的基数(以下简称缴费工资基数)；(2）企业以全部职工缴费工资基数之和为企业缴费工资基数；(3）职工月平均工资低于当地职工平均工资60%的，按60%计算缴费工资基数；超过当地职工平均工资300%的部分不计入缴费工资基数，也不计入计发养老金的基数。以国发〔1995〕6号文为标志，在企业职工基本养老保险缴费基数问题上，形成了两种办法。至目前，一直沿用这两种办法。

个体工商户本人、私营企业主等非工薪收入者参加城镇企业职工基本养老保险缴费基数也一直沿用当地上一年度职工月平均工资。

国办发〔2019〕13号）文明确要求：自2019年5月1日起，"三、调整社保缴费基数政策　调整就业人员平均工资计算口径。各省应以本省城镇非私营单位就业人员平均工资和城镇私营单位就业人员平均工资加权计算的全口径城镇单位就业人员平均工资，核定社保个人缴费基数上下限，合理降低部分参保人员和企业的社保缴费基数。调整就业人员平均工资计算口径后，各省要制定基本养老金计发办法的过渡措施，确保退休人员待遇水平平稳衔接。”“完善个体工商户和灵活就业人员缴费基数政策。个体工商户和灵活就业人员参加企业职工基本养老保险，可以在本省全口径城镇单位就业人员平均工资的60%至300%之间选择适当的缴费基数。”

自此，全国实行了在省级层面城镇职工社会保险缴费基数政策的统一。为下一步实行包括基金统收统支在内的省级（区、市）统筹、进而向全国统筹过渡打下了良好的政策基础。

失业保险和工伤保险参保单位缴费基数按照本单位全部职工工资总额、职工按照个人工资、个体工商户和灵活就业人员参保按照统筹地区上年职工平均工资作为计算缴纳上述两项费用的计算标准。

第六节　城镇企业职工基本养老保险省级统筹

我国城镇企业职工基本养老保险制度改革三十多年来，首先是在县（市）级统筹起步，继之向地区、市（设区市）级过渡，进而实行省级统筹，最后完成向全国统筹过渡。

在国家政策层面最先提出省级统筹的是国务院公开印发的《国务院关于建立统一的企业职工基本养老保险制度的决定》(国发〔1997〕26号)。文件在针对当时我国城镇企业职工基本养老保险制度改革存在制度不统一、企业负担重、统筹层次低、管理制度不健全等问题时，提出："八、为有利于提高基本养老保险基金的统筹层次和加强宏观调控，要逐步由县级统筹向省或省授权的地区统筹过渡。待全国基本实现省级统筹后，原经国务院批准由有关部门和单位组织统筹的企业，参加所在地区的社会统筹。"这是在中央政策层面第一次提到省级统筹。但当时存在的问题主要是制度不统一，省级统筹并未提到议事日程，况且要实现真正意义上的省级统筹还只能是采取渐进办法，待条件成熟时适时推进。

2005年，在充分调查研究和总结东北三省完善城镇社会保障体系试点经验的基础上，《国务院关于完善企业职工基本养老保险制度的决定》（国发〔2005〕38号）公开印发。文件在提出完善企业职工基本养老保险制度的决定措施中提出："在完善市级统筹的基础上，尽快提高统筹层次，实现省级统筹……"这是国务院文件中第二次提到省级统筹。但由于我国各地经济社会发展不平衡，国务院文件并未提出准确的时间表。

此后，各省（区、市）推行的省级统筹，多是市级（设区市）统筹为主，实行省级调剂金制度。

为贯彻落实《国务院关于完善企业职工基本养老保险制度的决定》精神，加快实现省级统筹步伐，2007 年 1 月，劳动和社会保障部、财政部《关于推进企业职工基本养老保险省级统筹有关问题的通知》（劳社部发〔2007〕3 号）公开印发。劳社部发〔2007〕3 号文的附件第一次系统、清晰地提出了省级统筹的各项具体指标是“六统一”，即：政策统一、缴费比例基数统一、待遇计发办法统一、基金使用统一、统一预算和业务规程统一。

同样，因为各地情况不一，劳社部发〔2007〕3 号文既没有提出实行省级统筹的时间表，也没有触及省级统筹的一个最根本的问题——基金的统收统支。这是从当时的具体情况出发的。在当时，除了在全国层面东、中、西情况各异外，还有就是在国家计划管理体制上有计划单列市，与省级财政分灶吃饭，基金统收统支难度较大。就是在同一省区内，经济发展有的也呈现出明显的梯次发展状态。所以文件仅要求各地制定推进省级统筹的具体工作规划，认真总结经验，及时研究解决工作中出现的新情况和新问题，保证推进省级统筹工作的稳步实施。

2017 年 9 月，针对各地经济社会发展及推进工作力度存在差异、省级统筹工作开展尚不平衡情况，为进一步完善省级统筹制度，推动实现全国统筹，人力资源社会保障部、财政部《关于进一步完善企业职工基本养老保险省级统筹制度的通知》（人社部发〔2017〕72 号）公开印发。文件规定：（1）各地要在实现“六统一”的基础上，积极创造条件实现全省基本养老保险基金统收统支。省级统筹制度应覆盖全省（自治区、直辖市）所有地区，目前省内仍实行单独统筹的地区（含计划单列市、副省级省会城市、经济特区、各类开发园区等）要尽快将其纳入省级统筹范围，执行全省（自治区、直辖市）统一政策；（2）目前企业职工基本养老保险费率尚未统一的省份，要制定过渡措施，最迟 2020 年实现全省费率统一；（3）目前尚未使用全省在岗职工平均工资的，要制定过渡措施，尽快实现统一。

在人社部发〔2017〕72号文中，第一次明确提出了要“积极创造条件实现全省基本养老保险基金统收统支”的目标。不实现省级统筹的“基金统收统支”，社会保险的大数法则就不能很好体现，也就不能在全省范围内均衡企业负担，进而保证基金科学可持续发展，人才自由流动就会变成一句空话。但仍然没有给出确切的时间表。第二、三条是作为实现省级统筹的前期铺垫，要求以全省在岗职工平均工资为基数，最迟2020年实现全省费率统一。

2019年4月，国办发〔2019〕13号文的公开印发，标志着实行了三十多年的城镇企业职工基本养老保险制度由多种统筹办法向真正的省级统筹过渡。文件规定：“各省要结合降低养老保险单位缴费比例、调整社保缴费基数政策等措施，加快推进企业职工基本养老保险省级统筹，逐步统一养老保险参保缴费、单位及个人缴费基数核定办法等政策，2020年底前实现企业职工基本养老保险基金省级统收统支。”

国办发〔2019〕13号文第一次给出了一个明确的时间表——2020年底前。从目前多省陆续印发的《实施方案》来看，2020年底前完成完全意义上的城镇企业职工基本养老保险省级（区、市）统筹只是时间问题。

第七节　城镇企业职工基本养老保险基金中央调剂

一、3%调剂

为均衡地区间企业职工基本养老保险基金（简称养老保险基金）负担，实现基本养老保险制度可持续发展，2018 年 5 月，《国务院关于建立企业职工基本养老保险基金中央调剂制度的通知》（国发〔2018〕18 号）公开印发。

国发〔2018〕18 号文规定：自 2018 年 7 月 1 日起，实施建立养老保险基金中央调剂制度。具体办法：（一）中央调剂基金筹集。中央调剂基金由各省份养老保险基金上解的资金构成。按照各省份职工平均工资的 90%和在职应参保人数作为计算上解额的基数，上解比例从 3%起步，逐步提高。

某省份上解额 =（某省份职工平均工资×90%）
×某省份在职应参保人数×上解比例

各省份职工平均工资，为统计部门提供的城镇非私营单位和私营单位就业人员加权平均工资。各省份在职应参保人数，暂以在职参保人数和国家统计局公布的企业就业人数二者的平均值为基数核定。将来条件成熟时，以覆盖常住人口的全民参保计划数据为基础确定在职应参保人数。（二）中央调剂基金拨付。中央调剂基金实行以收定支，当年筹集的资金全部拨付地方。中央调剂基金按照人均定额拨付，根据人力资源社会保障部、财政部核定的各省份离退休人数确定拨付资金数额。

某省份拨付额 = 核定的某省份离退休人数
×全国人均拨付额

其中：全国人均拨付额 = 筹集的中央调剂基金/核定的全国离退休人数。

据财政部统计，至2018年底，半年调剂额达2400多亿元，22个省份从中受益，受益金额600多亿元，适度均衡了不同省份间的基金负担，一定程度上缓解了各地基金负担苦乐不均的问题。

二、3.5%调剂

为确保企业特别是小微企业社会保险缴费负担有实质性下降，2019年4月，《国务院办公厅关于印发降低社会保险费率综合方案的通知》（国办发〔2019〕13号）公开印发。

国办发〔2019〕13号文规定：提高养老保险基金中央调剂比例，加大企业职工基本养老保险基金中央调剂力度。2019年基金中央调剂比例提高至3.5%，以进一步均衡各省之间养老保险基金负担，确保企业离退休人员基本养老金按时足额发放。

据权威部门测算，2019年企业职工基本养老保险基金中央调剂比例从3%提高至3.5%后，预计全年中央调剂基金规模将达6000多亿元，会进一步缓解部分省份的基金收支压力。

第八节　划转部分国有资产充实社会保险基金

为弥补因建立统一的企业职工基本养老保险制度实施视同缴费年限政策形成的企业职工基本养老保险基金缺口，2017 年 11 月，《国务院关于印发划转部分国有资本充实社保基金实施方案的通知》（国发〔2017〕49 号）公开印发。

与 2009 年 6 月《财政部等 4 部门关于印发〈境内证券市场转持部分国有股充实全国社会保障基金实施办法〉的通知》（财企〔2009〕94 号）、2001 年 6 月《国务院关于印发减持国有股筹集社会保障资金管理暂行办法的通知》（国发〔2001〕22 号）不同的是，国发〔2017〕49 号文印发的实施方案明确规定了本次“划转部分国有资本充实社保基金”的“基本目标是弥补因实施视同缴费年限政策形成的企业职工基本养老保险基金缺口，”“划转的国有资本具有充实社保基金的特定用途和政策目标，运营收益根据基本养老保险基金的支出需要上缴，专项用于弥补企业职工基本养老保险基金缺口。”

需要明确的是，文件中的“社保基金”专指“企业职工基本养老保险基金”。

国发〔2017〕49 号文还对划转范围、对象、比例和承接主体等问题作出了具体规定。

国发〔2017〕49 号文的印发和实施，对促进改革和完善基本养老保险制度，保证企业职工基本养老保险降费而不降低待遇，又增加了一道保障。

根据国务院国资委公开发布的资料，2018 年中央企业划转部分国有资本充实社保基金稳步实施，完成 18 家中央企业股权划转，划转规模达 750 亿元。

第九节　养老保险基金投资运营

基本养老保险基金投资运营是推进基金保值增值、实现城镇职工基本养老保险制度可持续发展的重要手段。为规范基本养老保险基金投资管理行为，2015 年 8 月，《国务院关于印发基本养老保险基金投资管理办法的通知》（国发〔2015〕48 号）公开印发。国发〔2015〕48 号文件对用于投资的养老基金种类、投资部分等作出了明确规定。文件要求基金投资多元化，对权益类产品的投资比例不超过 30%，其他的都是银行存款、债券以及国家的一些重大工程、项目。

实际上，早在文件印发之前的 2012 年 3 月，全国社保基金理事会就接受广东省政府委托，投资运营广东省城镇职工基本养老保险结存资金 1000 亿元，期限 2 年。全国社会保障基金理事会基金年度报告（2014 年度）显示，广东委托资金权益为 1055. 58 亿元，较前一年减少约 38. 92 亿元。其中，委托资金 1000 亿元，累计投资收益 173. 36 亿元，扣除按合同约定返还首个委托期应得收益 117. 78 亿元后，首个委托期满至 2014 年末的投资收益为 55. 58 亿元。此前，广东省将委托期限由 2 年延长到 5 年的方案已经获批。

当年，山东省分批划转 500 亿元企业养老保险结余基金，委托全国社保基金理事会投资运营，成为继广东省之后，第二个成功实现委托运营的省份。

按照文件要求，2016 年底正式启动养老保险基金投资运营实施。首批与社保基金理事会签约的有 7 个省，资金规模 3600 亿。至 2017 年 7 月，8 个省份与全国社保基金理事会签订合同，委托总金额 4100 亿元。至三季度末，包括北京、安徽等 9 个省（区、市）政府与社保基金理事会签署委托投资合同，合同总金额 4300 亿元，实际到账 1800 亿元并开始投资运营。四季度末，到账 2731.5 亿元并开始投资运营。

2018 年委托投资的省份和基金委托规模进一步扩大。截至年底，累计有 17 个省（区、市）委托投资基本养老保险基金 8580 亿元，实际到账 6050 亿元。至 2019 年一季度末，实际到账 6248.69 亿元并开始投资运营。

第十节　社会保险费征缴管理体制

至 2018 年底，在此前相当长的一段时间里，我国的社会保险费征缴管理实行双重管理体制。有的是由地方税务部门负责征收，有的是由人社部门社保经办机构负责。相应的，形成了社保全权负责、税务代征、税务全责征收三种模式。

1999 年 1 月，国务院发布《社会保险费征缴暂行条例》（国务院令第 259 号）（简称条例）。条例“第二章　征缴管理”“第七条　缴费单位必须向当地社会保险经办机构办理社会保险登记，参加社会保险。”“第十一条　省、自治区、直辖市人民政府规定由税务机关征收社会保险费的，社会保险经办机构应当及时向税务机关提供缴费单位社会保险登记、变更登记、注销登记以及缴费申报的情况。”条例以行政法规形式确立了我国社会保险费征缴采取双重管理体制。

2018 年 3 月，中共中央印发《深化党和国家机构改革方案》（以下简称方案）。方案（四十六）：“为提高社会保险资金征管效率，将基本养老保险费、基本医疗保险费、失业保险费等各项社会保险费交由税务部门统一征收。”

2018 年 7 月，中共中央办公厅、国务院办公厅印发《国税地税征管体制改革方案》（以下简称方案）。方案明确从 2019 年 1 月 1 日起，将基本养老保险费、基本医疗保险费、失业保险费、工伤保险费、生育保险费等各项社会保险费交由税务部门统一征收。

2019 年 4 月印发的国办发〔2019〕13 号文：“六、稳步推进社保费征收体制改革　企业职工基本养老保险和企业职工其他险种缴费，原则上暂按现行征收体制继续征收，稳定缴费方式，‘成熟一省、移交一省’；机关事业单位社保费和城乡居民社保费征管职责如期划转。”

自此，社会保险费征缴管理体制实现了全国统一，也为下步实现城镇职工基本养老保险全国统筹解决了体制障碍。

就现行管理体制而言，社会保险费统一由税务部门征收，还需解决好个体工商户、灵活就业人员等群体没有雇主代扣代缴而断缴问题。据权威部门资料，全国算总账大概有 1/4 是以个人身份参加养老保险。而且随着经济结构调整和时间推进，这部分人员参保比重还会逐步加大，而这部分人员的相关信息目前并不在税务部门的掌控之中，如何避免这部分群体可能出现的断缴，还需制定出切实可行办法。

第二章 政策问答

一、降低社会保险费率的重要意义

问：降低城镇职工基本养老保险单位缴费比例的重要性和迫切性是什么，有什么重要意义？

答：降低社会保险费率，是减轻企业负担、优化营商环境、完善社会保险制度的重大举措。

社会保险费是社会保险基金的主要收入来源，关系制度的保障水平和可持续发展。同时，社会保险缴费标准也直接关系单位经营成本，关系参保单位和参保人员的缴费负担。

党中央、国务院高度重视降低社会保险费率、减轻企业缴费负担工作。随着我国经济发展出现的新形势新情况，企业呼吁进一步减轻缴费负担，党中央非常重视。习近平总书记 2018 年 11 月在民营企业座谈会上强调，要根据实际情况，降低社保缴费名义费率，稳定缴费方式，确保企业社保缴费实际负担有实质性下降。李克强总理在今年的《政府工作报告》中提出各地可将养老保险单位缴费比例降至 16%，要求各地不得采取任何增加小微企业实际缴费负担的做法，不得自行对历史欠费进行集中清缴，确保职工社保待遇不受影响、养老金按时足额发放。在 3 月 26 日的国务院常务会议上，李总理说："今天出台的措施必须保证做到一条：企业社保缴费负担要切实减轻。""市场主体对降低社保费率有强烈呼声，我们既然顺应民意、承诺明显降低企业社保缴费负担，那就要‘说到做到’，让市场主体真正有获得感。决不能只考虑‘部门利益’、局部利益，因小失大。”

4月1日，《国务院办公厅关于印发降低社会保险费率综合方案的通知》（国办发〔2019〕13号）公开印发。国家有关部门正按照中央决策部署，根据分工，指导各省（区、市）按照制定的调整养老保险费率具体方案，确保降费率、调基数政策5月1日实施落地，真正使企业社会保险缴费实际负担有实质性下降。

二、降低社会保险费率的具体内容

1. 问：这次降低社会保险费率方案主要包括哪些内容？

答：这次降低社会保险费率工作，内容十分丰富，含金量非常高，真正做到了社会保险费的实质性降低。包括：降低养老保险单位缴费比例、继续阶段性降低失业保险与工伤保险费率、调整社保缴费基数政策、加快推进养老保险省级统筹、提高养老保险基金中央调剂比例、稳步推进社保费征收体制改革、建立工作协调机制和认真做好组织落实工作等8个方面。

2. 问：单位社会保险费率降低如何实施？

答：按照国办发〔2019〕13号文件规定：自2019年5月1日起，降低城镇职工基本养老保险（包括企业和机关事业单位基本养老保险）单位缴费比例。各省（包括自治区、直辖市及新疆生产建设兵团）养老保险单位缴费比例高于16%的，可降至16%；目前低于16%的，要研究提出过渡办法。各省具体调整或过渡方案于2019年4月15日前报人力资源社会保障部、财政部备案。

3. 问："继续阶段性降低失业保险、工伤保险费率"指的是什么？

答：《人力资源社会保障部 财政部关于继续阶段性降低社会保险费率的通知》（人社部发〔2018〕25号）规定：按照人社部发〔2017〕14号文件实施失业保险总费率延长阶段性降低费率的期限至2019年4月30日；降低工伤保险费率的期限暂执行至2019年4月30日。

这次按照国办发〔2019〕13号文件规定"继续阶段性降低失业保险、工伤保险费率"指的是：自2019年5月1日起，实施失业保险总费率1%的省，延长阶段性降低失业保险费率的期限至2020年4月30日；自2019年5月1日起，延长阶段性降低工伤保险费率的期限至2020年4月30日，工伤保险基金累计结余可支付月数在18至23个月的统筹地区可以现行费率为基础下调20%，累计结余可支付月数在24个月以上的统筹地区可以现行费率为基础下调50%。

4. 问：这次“调整社保缴费基数政策”实施后，退休人员待遇水平如何衔接？

答： 目前，各统筹地区是以“城镇非私营单位就业人员平均工资”口径作为参保职工缴纳社会保险费基数的。调整后，实行以本省城镇非私营单位就业人员平均工资和城镇私营单位就业人员平均工资加权计算的“全口径城镇单位就业人员平均工资”，核定社保个人缴费基数上下限，自然地，也就降低了部分参保人员和企业的社保缴费基数。调整就业人员平均工资计算口径后，按照部署，各省要制定基本养老金计发办法的过渡措施，确保退休人员待遇水平平稳衔接。

5. 问：个体工商户和灵活就业人员缴费基数如何确定，对个人缴费有何影响？

答： 按照政策规定，个体工商户和灵活就业人员参加企业职工基本养老保险，可以在本省全口径城镇单位就业人员平均工资的60%至300%之间选择适当的缴费基数。新的政策实施落地后，对这部分人的影响有两点：一是缴费比例可以在60%至300%之间选择，给予他们一个选择区间，一些收入相对较低的人员也可以参保，从而扩大了城镇企业职工基本养老保险参保面和提高缴费率，可以更好地保障这一部分人员在符合条件退休后会领到较多的养老金，改善他们的生活质量；二是实行本省全口径城镇单位就业人员平均工资作为缴费基数，在缴费比例一定的情况下，缴费额有所降低，从而减轻了这部分人员的缴费负担。

6. 问：城镇职工基本养老保险实行省级统筹的核心内容是什么，有无时间表？

答：城镇职工基本养老保险省级统筹除包括统一养老保险参保缴费、单位及个人缴费基数核定和待遇计发办法等政策外，核心内容是实现全省范围内的企业职工基本养老保险基金省级统收统支。中央给出的时间表是 2020 年底前。

7. 问：企业职工基本养老保险基金中央调剂比例是如何确定的，这次如何提高？

答：国发〔2018〕18 号文件规定：自 2018 年 7 月 1 日起，建立养老保险基金中央调剂制度；上解比例从 3%起步，逐步提高。这次降低社会降费率综合方案规定：2019 年基金中央调剂比例提高至 3.5%。

8. 问：这次降低社会保险费率工作由哪个部门组织实施？

答：根据这次国务院的综合方案，企业职工基本养老保险和企业职工其他险种缴费，原则上暂按现行征收体制继续征收，即原由社保、税务征收的继续由社保、税务征收，稳定缴费方式，“成熟一省、移交一省”；机关事业单位社保费和城乡居民社保费征管职责如期划转。

9. 问：对企业职工基本养老保险历史欠费问题如何处理，是否允许集中清缴？

答：这次国务院的方案，规定得非常明确：妥善处理好企业历史欠费问题，在征收体制改革过程中不得自行对企业历史欠费进行集中清缴，不得采取任何增加小微企业实际缴费负担的做法，避免造成企业生产经营困难。同时，合理调整 2019 年社保基金收入预算。事实上，在人社厅函〔2018〕246 号文件中，就已经明确规定：严禁自行组织对企业历史欠费进行集中清缴。已经开展集中清缴的，要立即纠正，并妥善做好后续工作。

三、落实降费措施后企业社保缴费负担会有实质性下降

1. 问：本次降费措施将会产生哪些效果？

答：本次降费措施，一是可以较大幅度地减轻企业社保缴费负担。单位缴费比例降至16%，等于一次性降低了3至4个百分点，几乎相当于降低了1/5。而且这次调整不是阶段性的、临时性的，而是属于长期性的制度安排，所以，与目前的阶段性降低费率的政策相比较它的力度明显加大。二是受益面广。各类用人单位，特别是民营企业、小微企业都能从这次降费政策中受益。三是有利于促进营造公平的市场竞争环境。目前，各省份企业缴费比例不一，高的20%，低的14%，客观上造成企业营商环境不公平。本次降费后，从全国层面来看，地域差异将明显缩小，有利于均衡企业缴费负担，促进形成公平市场竞争环境，有利于未来实现养老保险的全国统筹。四是有利于扩大覆盖面。费率降低以后，企业参保门槛降低了，有利于提高企业和职工参保积极性。

据测算，通过多措并举，预计2019年，合计可减轻社保缴费负担3000多亿元。

2. 问：近年来，国家实施多次降低企业社会保险费工作，共为企业降低多少社保缴费负担？

答：自2015年来，国家连续四年第6次公布社保降费率政策。据国家人力资源社会保障部门测算，已实施的5次降低或阶段性降低社保费率政策，到今年4月30日现行阶段性降低费率政策执行期满，共可减轻企业社保缴费负担近5000亿元。

四、降低社会保险费率不会影响离退休人员养老金发放

1. 问：降低职工基本养老保险单位缴费费率后，离退休人员的养老金待遇按时足额发放是否会受影响？

答：职工基本养老保险降费，不会影响离退休人员的养老金发放。

理由：降费后会减少基金收入，但不会影响养老金的发放。一方面看，降低养老保险费率在有效减轻企业社保缴费负担的同时，确实会减少养老保险基金收入，加大基金支出压力。但从另一方面看，降费不会造成养老金支付风险。这是因为：从总量上看，全国养老保险基金整体收大于支，滚存结余不断增加。2018年，企业职工基本养老保险基金各项收入3.7万亿元，支出3.2万亿元，加上以前年度的结余，2018年底已经累计结余4.8万亿元。据权威部门测算，降费后，未来几年仍能保持当期收支略有结余。从结构上看，绝大部分省份在执行降费政策后，基金收支状况比较稳健，具有较好的支撑能力，不会存在“穿底”的情况。

2. 问：降费后，部分地区原有的基金收支矛盾会更加突出，国家有关部门有何应对措施？

答：在降费措施推出前，国务院有关部门已经做了较长时间的调研和精算，并已制定出有效措施确保按时足额发放。主要是：

一是各级财政会继续加大对基本养老保险基金的补助。据统计，1998—2018年中央财政对企业职工基本养老保险基金的补

助就达到 3.5 万亿元。2019 年，根据国家财政部门安排，中央财政安排企业职工基本养老保险补助资金 5285 亿元，同比增长 9.4%，重点向基金收支矛盾较为突出的中西部地区和老工业基地省份倾斜。同时，地方财政也相应安排了补助资金。

二是基本养老保险基金中央调剂力度也将进一步加大。基金中央调剂比例提高至 2019 年的 3.5%。据测算，2019 年中央调剂基金的规模将达到 6000 亿元左右，受益省份受益规模将达到 1600 亿元左右。这样，可以进一步缓解基金缺口较大的中西部地区和老工业基地省份养老金支付压力。

三是压实省级政府的主体责任。对通过中央调剂和中央财政补助后基金仍然可能存在滚存缺口的个别省份，省级政府要强化责任，建立健全省、市、县基金缺口分担机制，通过盘活存量资金、处置国有资产、财政预算安排等多渠道筹措资金弥补基金缺口。在省级政府主体责任充分落实到位的基础上，中央可对核定后的缺口按照一定比例，通过适当的方式给予帮助。

除上述措施外，国家将陆续通过综合运用各种组合措施，促进我国职工养老保险制度良性可持续发展。如：继续推进划转部分国有资本充实社保基金工作，支持做大做强社保基金，让国有企业改革发展成果更多惠及人民；积极稳妥开展养老保险基金投资运营；加强养老保险制度改革顶层设计，坚持精算平衡原则，健全激励约束机制，推动各省 2020 年底前实现企业养老保险基金省级统收统支，加快推进养老保险全国统筹，为更加公平更可持续的社会保障体系建设奠定更坚实的制度基础。

第三章　名词解释

一、社会保险费率

也称“社会保险缴费率”。指在一国的社会保险制度体系中，参保单位和个人依据国家社会保险法律法规规定，所缴纳的社会保险费数额占职工平均工资总额的一定比例。我国的社会保险费包括：养老保险费、医疗保险费、生育保险费、工伤保险费和失业保险费等。按现行法律法规规定，养老保险费包括城镇职工基本养老保险费和居民养老保险费。城镇职工基本养老保险费按单位性质分为机关事业单位养老保险费和企业职工基本养老保险费。按缴费主体又分为单位缴费和个人缴费。工伤保险费指的是职工工伤保险费。失业保险费指的是职工失业保险费。《国务院办公厅关于印发降低社会保险费率综合方案的通知》（国办发〔2019〕13 号）文件中的“降低社会保险费率”的范围包括：城镇职工基本养老保险费率、工伤保险费率和失业保险费率中的单位缴费率。

二、养老保险单位缴费比例

依据国家社会保险法律法规规定，城镇职工基本养老保险参保单位向当地社会保险经办机构（社会保险费征收机构）缴纳的养老保险费数额占单位职工工资总额（全部职工缴费工资基数之和）的一定比例。目前，我国城镇职工基本养老保险制度实行省级统筹。但由于各地经济发展不均衡，单位缴费比例高的20%，低的14%，苦乐不均，企业负担不平衡，既影响企业效益，也不利于建立全国统一的养老保险制度。国办发〔2019〕13号文件规定：自2019年5月1日起，降低城镇职工基本养老保险单位缴费比例；各省、自治区、直辖市及新疆生产建设兵团养老保险单位缴费比例高于16%的，可降至16%；目前低于16%的，要研究提出过渡办法；各省具体调整或过渡方案于2019年4月15日前报人力资源社会保障部、财政部备案。

三、失业保险费率

依据我国社会保险法律法规规定，失业保险参保单位和个人向当地社会保险费征收机构缴纳的失业保险费数额占本单位职工工资总额（个人工资）的一定比例。我国失业保险制度单位费率是 2%。近年来，国家多次降低失业保险费率。国办发〔2019〕13 号文件规定，继续阶段性降低失业保险、工伤保险费率：自 2019 年 5 月 1 日起，实施失业保险总费率 1%的省，延长阶段性降低失业保险费率的期限至 2020 年 4 月 30 日。

四、工伤保险费率

依据我国社会保险法律法规规定，工伤保险参保单位向当地社会保险费征收机构缴纳的工伤保险费数额占本单位职工工资总额的一定比例。我国工伤保险制度是单位缴纳工伤保险费，职工个人不缴纳工伤保险费。统筹地区经办机构根据用人单位工伤保险费使用、工伤发生率等情况，适用所属行业内相应的费率档次确定单位缴费费率。近年来，国家多次降低失业保险费率。国办发〔2019〕13 号文件规定，继续阶段性降低失业保险、工伤保险费率：自 2019 年 5 月 1 日起，延长阶段性降低工伤保险费率的期限至 2020 年 4 月 30 日，工伤保险基金累计结余可支付月数在 18 至 23 个月的统筹地区可以现行费率为基础下调 20%，累计结余可支付月数在 24 个月以上的统筹地区可以现行费率为基础下调 50%。

五、社保缴费基数

“社会保险缴费基数”的简称。指在我国社会保险制度体系中，参保单位和职工个人在一个缴费年度内缴纳各项社会保险费时的计算标准。按缴费对象分为单位缴费基数和个人缴费基数；按社会保险险种分为：城镇职工基本养老保险缴费基数、城镇职工基本医疗保险缴费基数、工伤保险缴费基数、生育保险缴费和失业保险缴费基数等。《国务院办公厅关于印发降低社会保险费率综合方案的通知》：“三、调整社保缴费基数政策　调整就业人员平均工资计算口径。各省应以本省城镇非私营单位就业人员平均工资和城镇私营单位就业人员平均工资加权计算的全口径城镇单位就业人员平均工资，核定社保个人缴费基数上下限，合理降低部分参保人员和企业的社保缴费基数；调整就业人员平均工资计算口径后，各省要制定基本养老金计发办法的过渡措施，确保退休人员待遇水平平稳衔接。”

六、个体工商户和灵活就业人员缴费基数政策

我国城镇职工基本养老保险制度体系中，专门针对个体工商户和灵活就业人员确定的缴费基数政策，以区别于正规单位就业人员。《国务院办公厅关于印发降低社会保险费率综合方案的通知》（国办发〔2019〕13 号）：“完善个体工商户和灵活就业人员缴费基数政策。个体工商户和灵活就业人员参加企业职工基本养老保险，可以在本省全口径城镇单位就业人员平均工资的60%至 300%之间选择适当的缴费基数。”

七、本省全口径城镇单位就业人员平均工资

以本省城镇非私营单位就业人员平均工资和城镇私营单位就业人员平均工资加权计算的就业人员平均工资。《国务院办公厅关于印发降低社会保险费率综合方案的通知》（国办发〔2019〕13号）：“三、调整社保缴费基数政策　调整就业人员平均工资计算口径。各省应以本省城镇非私营单位就业人员平均工资和城镇私营单位就业人员平均工资加权计算的全口径城镇单位就业人员平均工资，核定社保个人缴费基数上下限，合理降低部分参保人员和企业的社保缴费基数。”

八、养老保险省级统筹

指城镇职工基本养老保险制度在省级层次的统一安排。劳动和社会保障部、财政部《关于推进企业职工基本养老保险省级统筹有关问题的通知》（劳社部发〔2007〕3号）规定的企业职工基本养老保险省级统筹标准：基本养老保险制度、基本养老保险缴费、基本养老保险待遇、基本养老保险基金使用、省级基金预算和基本养老保险业务规程统一，亦即“六统一”。人力资源社会保障部、财政部《关于进一步完善企业职工基本养老保险省级统筹制度的通知》（人社部发〔2017〕72号）：“各地要在基本养老保险制度、缴费政策、待遇政策、基金使用、基金预算和经办管理实现‘六统一’的基础上，积极创造条件实现全省基本养老保险基金统收统支。省级统筹制度应覆盖全省（自治区、直辖市）所有地区，目前省内仍实行单独统筹的地区（含计划单列市、副省级省会城市、经济特区、各类开发园区等）要尽快将其纳入省级统筹范围，执行全省（自治区、直辖市）统一政策。”《国务院办公厅关于印发降低社会保险费率综合方案的通知》（国办发〔2019〕13号）：“四、加快推进养老保险省级统筹　各省要结合降低养老保险单位缴费比例、调整社保缴费基数政策等措施，加快推进企业职工基本养老保险省级统筹，逐步统一养老保险参保缴费、单位及个人缴费基数核定办法等政策，2020年底前实现企业职工基本养老保险基金省级统收统支。”

九、养老保险基金中央调剂

我国现行城镇职工基本养老保险基金中央调剂、统一全额上解与下拨制度的简称。《国务院关于建立企业职工基本养老保险基金中央调剂制度的通知》（国发〔2018〕18号）："国务院决定建立养老保险基金中央调剂制度，自2018年7月1日起实施。""（一）中央调剂基金筹集。中央调剂基金由各省份养老保险基金上解的资金构成。按照各省份职工平均工资的90%和在职应参保人数作为计算上解额的基数，上解比例从3%起步，逐步提高。

某省份上解额=（某省份职工平均工资×90%）
×某省份在职应参保人数×上解比例

各省份职工平均工资，为统计部门提供的城镇非私营单位和私营单位就业人员加权平均工资。各省份在职应参保人数，暂以在职参保人数和国家统计局公布的企业就业人数二者的平均值为基数核定。将来条件成熟时，以覆盖常住人口的全民参保计划数据为基础确定在职应参保人数。（二）中央调剂基金拨付。中央调剂基金实行以收定支，当年筹集的资金全部拨付地方。中央调剂基金按照人均定额拨付，根据人力资源社会保障部、财政部核定的各省份离退休人数确定拨付资金数额。

某省份拨付额=核定的某省份离退休人数
×全国人均拨付额

其中：全国人均拨付额=筹集的中央调剂基金/核定的全国离退休人数。

（三）中央调剂基金管理。中央调剂基金是养老保险基金的组成部分，纳入中央级社会保障基金财政专户，实行收支两条线管理，专款专用，不得用于平衡财政预算。中央调剂基金采取先预缴预拨后清算的办法，资金按季度上解下拨，年终统一清算。”《国务院办公厅关于印发降低社会保险费率综合方案的通知》（国办发〔2019〕13号）：“五、提高养老保险基金中央调剂比例　加大企业职工基本养老保险基金中央调剂力度，2019年基金中央调剂比例提高至3.5%……”

十、社保费征收体制改革

“社会保险费征收管理体制改革”的简称。指我国社会保险费征收管理组织制度的变更。2018 年底前，我国的社会保险费征收与管理体制实行人社部门和地方税务部门双重管理体制。2018 年 3 月，中共中央印发《深化党和国家机构改革方案》：“为提高社会保险资金征管效率，将基本养老保险费、基本医疗保险费、失业保险费等各项社会保险费交由税务部门统一征收。”7 月，中共中央办公厅、国务院办公厅印发《国税地税征管体制改革方案》：明确从 2019 年 1 月 1 日起，将基本养老保险费、基本医疗保险费、失业保险费、工伤保险费、生育保险费等各项社会保险费交由税务部门统一征收。2019 年 4 月，《国务院办公厅关于印发降低社会保险费率综合方案的通知》：“六、稳步推进社保费征收体制改革　企业职工基本养老保险和企业职工其他险种缴费，原则上暂按现行征收体制继续征收，稳定缴费方式，“成熟一省、移交一省”；机关事业单位社保费和城乡居民社保费征管职责如期划转。”

一、最新文件

国务院办公厅关于印发降低社会保险费率综合方案的通知

（2019年4月1日　国办发〔2019〕13号）

各省、自治区、直辖市人民政府，国务院各部委、各直属机构：

《降低社会保险费率综合方案》已经国务院同意，现印发给你们，请认真贯彻执行。

降低社会保险费率，是减轻企业负担、优化营商环境、完善社会保险制度的重要举措。各地区各有关部门要以习近平新时代中国特色社会主义思想为指导，全面贯彻党的十九大和十九届二中、三中全会精神，坚持稳中求进工作总基调，坚持新发展理念，统筹考虑降低社会保险费率、完善社会保险制度、稳步推进社会保险费征收体制改革，密切协调配合，抓好工作落实，确保企业特别是小微企业社会保险缴费负担有实质性下降，确保职工各项社会保险待遇不受影响、按时足额支付。

降低社会保险费率综合方案

为贯彻落实党中央、国务院决策部署，降低社会保险（以下简称社保）费率，完善社保制度，稳步推进社保费征收体制改革，制定本方案。

一、降低养老保险单位缴费比例

自2019年5月1日起，降低城镇职工基本养老保险（包括企业和机关事业单位基本养老保险，以下简称养老保险）单位缴费比例。各省、自治区、直辖市及新疆生产建设兵团（以下统称省）养老保险单位缴费比例高于16%的，可降至16%；目前低于16%的，要研究提出过渡办法。各省具体调整或过渡方案于2019年4月15日前报人力资源社会保障部、财政部备案。

二、继续阶段性降低失业保险、工伤保险费率

自2019年5月1日起，实施失业保险总费率1%的省，延长阶段性降低失业保险费率的期限至2020年4月30日。自2019年5月1日起，延长阶段性降低工伤保险费率的期限至2020年4月30日，工伤保险基金累计结余可支付月数在18至23个月的统筹地区可以现行费率为基础下调20%，累计结余可支付月数在24个月以上的统筹地区可以现行费率为基础下调50%。

三、调整社保缴费基数政策

调整就业人员平均工资计算口径。各省应以本省城镇非私营单位就业人员平均工资和城镇私营单位就业人员平均工资加权计算的全口径城镇单位就业人员平均工资，核定社保个人缴费基数上下限，合理降低部分参保人员和企业的社保缴费基数。调整就业人员平均工资计算口径后，各省要制定基本养老金计发办法的过渡措施，确保退休人员待遇水平平稳衔接。

完善个体工商户和灵活就业人员缴费基数政策。个体工商户和灵活就业人员参加企业职工基本养老保险，可以在本省全口径城镇单位就业人员平均工资的60%至300%之间选择适当的缴费基数。

四、加快推进养老保险省级统筹

各省要结合降低养老保险单位缴费比例、调整社保缴费基数政策等措施，加快推进企业职工基本养老保险省级统筹，逐步统一养老保险参保缴费、单位及个人缴费基数核定办法等政策，2020年底前实现企业职工基本养老保险基金省级统收统支。

五、提高养老保险基金中央调剂比例

加大企业职工基本养老保险基金中央调剂力度，2019 年基金中央调剂比例提高至 3.5%，进一步均衡各省之间养老保险基金负担，确保企业离退休人员基本养老金按时足额发放。

六、稳步推进社保费征收体制改革

企业职工基本养老保险和企业职工其他险种缴费，原则上暂按现行征收体制继续征收，稳定缴费方式，“成熟一省、移交一省”；机关事业单位社保费和城乡居民社保费征管职责如期划转。人力资源社会保障、税务、财政、医保部门要抓紧推进信息共享平台建设等各项工作，切实加强信息共享，确保征收工作有序衔接。妥善处理好企业历史欠费问题，在征收体制改革过程中不得自行对企业历史欠费进行集中清缴，不得采取任何增加小微企业实际缴费负担的做法，避免造成企业生产经营困难。同时，合理调整 2019 年社保基金收入预算。

七、建立工作协调机制

国务院建立工作协调机制，统筹协调降低社保费率和社保费征收体制改革相关工作。县级以上地方政府要建立由政府负责人牵头，人力资源社会保障、财政、税务、医保等部门参加的工作协调机制，统筹协调降低社保费率以及征收体制改革过渡期间的工作衔接，提出具体安排，确保各项工作顺利进行。

八、认真做好组织落实工作

各地区各有关部门要加强领导，精心组织实施。人力资源社会保障部、财政部、税务总局、国家医保局要加强指导和监督检查，及时研究解决工作中遇到的问题，确保各项政策措施落到实处。

二、法律法规与相关文件

（一）法律

全国人民代表大会常务委员会关于国务院机构改革涉及法律规定的行政机关职责调整问题的决定

（2018年4月27日第十三届全国人民代表大会常务委员会第二次会议通过）

为了贯彻落实党的十九大和十九届二中、三中全会精神，按照第十三届全国人民代表大会第一次会议批准的《国务院机构改革方案》，平稳有序调整法律规定的行政机关职责和工作，确保行政机关依法履行职责、开展工作，推进国家机构设置和职能配置优化协同高效，现就国务院机构改革涉及法律规定的行政机关职责调整问题作出如下决定：

一、现行法律规定的行政机关职责和工作，《国务院机构改革方案》确定由组建后的行政机关或者划入职责的行政机关承担的，在有关法律规定尚未修改之前，调整适用有关法律规定，由组建后的行政机关或者划入职责的行政机关承担；相关职责尚未调整到位之前，由原承担该职责和工作的行政机关继续承担。

地方各级行政机关承担法律规定的职责和工作需要进行调整的，按照上述原则执行。

二、法律规定上级行政机关对下级行政机关负有管理监督指导等职责的，上级行政机关职责已调整到位、下级行政机关职责尚未调整到位的，由《国务院机构改革方案》确定承担该职责的上级行政机关履行管理监督指导等职责。

三、实施《国务院机构改革方案》需要制定、修改法律，或者需要由全国人民代表大会常务委员会作出相关决定的，国务院应当及时提出议案，依照法定程序提请审议。

四、国务院及其有关部门应当精心组织，周密部署，确保行政机关履行法定职责、开展工作的连续性、稳定性、有效性，特别是做好涉及民生、应急、安全生产等重点领域工作。

五、本决定自 2018 年 4 月 28 日起施行。

中华人民共和国社会保险法

（2010 年 10 月 28 日第十一届全国人民代表大会常务委员会第十七次会议通过　根据 2018 年 12 月 29 日第十三届全国人民代表大会常务委员会第七次会议《关于修改〈中华人民共和国社会保险法〉的决定》修正）

目　录

第一章　总　则

第一条　为了规范社会保险关系，维护公民参加社会保险和享受社会保险待遇的合法权益，使公民共享发展成果，促进社会和谐稳定，根据宪法，制定本法。

第二条 国家建立基本养老保险、基本医疗保险、工伤保险、失业保险、生育保险等社会保险制度，保障公民在年老、疾病、工伤、失业、生育等情况下依法从国家和社会获得物质帮助的权利。

第三条 社会保险制度坚持广覆盖、保基本、多层次、可持续的方针，社会保险水平应当与经济社会发展水平相适应。

第四条 中华人民共和国境内的用人单位和个人依法缴纳社会保险费，有权查询缴费记录、个人权益记录，要求社会保险经办机构提供社会保险咨询等相关服务。

个人依法享受社会保险待遇，有权监督本单位为其缴费情况。

第五条 县级以上人民政府将社会保险事业纳入国民经济和社会发展规划。

国家多渠道筹集社会保险资金。县级以上人民政府对社会保险事业给予必要的经费支持。

国家通过税收优惠政策支持社会保险事业。

第六条 国家对社会保险基金实行严格监管。

国务院和省、自治区、直辖市人民政府建立健全社会保险基金监督管理制度，保障社会保险基金安全、有效运行。

县级以上人民政府采取措施，鼓励和支持社会各方面参与社会保险基金的监督。

第七条 国务院社会保险行政部门负责全国的社会保险管理工作，国务院其他有关部门在各自的职责范围内负责有关的社会保险工作。

县级以上地方人民政府社会保险行政部门负责本行政区域的社会保险管理工作，县级以上地方人民政府其他有关部门在各自的职责范围内负责有关的社会保险工作。

第八条 社会保险经办机构提供社会保险服务，负责社会保险登记、个人权益记录、社会保险待遇支付等工作。

第九条 工会依法维护职工的合法权益，有权参与社会保险重大事项的研究，参加社会保险监督委员会，对与职工社会保险权益有关的事项进行监督。

第二章 基本养老保险

第十条 职工应当参加基本养老保险，由用人单位和职工共同缴纳基本养老保险费。

无雇工的个体工商户、未在用人单位参加基本养老保险的非全日制从业人员以及其他灵活就业人员可以参加基本养老保险，由个人缴纳基本养老保险费。

公务员和参照公务员法管理的工作人员养老保险的办法由国务院规定。

第十一条 基本养老保险实行社会统筹与个人账户相结合。

基本养老保险基金由用人单位和个人缴费以及政府补贴等组成。

第十二条 用人单位应当按照国家规定的本单位职工工资总额的比例缴纳基本养老保险费，记入基本养老保险统筹基金。

职工应当按照国家规定的本人工资的比例缴纳基本养老保险费，记入个人账户。

无雇工的个体工商户、未在用人单位参加基本养老保险的非全日制从业人员以及其他灵活就业人员参加基本养老保险的，应当按照国家规定缴纳基本养老保险费，分别记入基本养老保险统筹基金和个人账户。

第十三条 国有企业、事业单位职工参加基本养老保险前，视同缴费年限期间应当缴纳的基本养老保险费由政府承担。

基本养老保险基金出现支付不足时，政府给予补贴。

第十四条 个人账户不得提前支取，记账利率不得低于银行定期存款利率，免征利息税。个人死亡的，个人账户余额可以继承。

第十五条 基本养老金由统筹养老金和个人账户养老金组成。

基本养老金根据个人累计缴费年限、缴费工资、当地职工平均工资、个人账户金额、城镇人口平均预期寿命等因素确定。

第十六条 参加基本养老保险的个人，达到法定退休年龄时累计缴费满十五年的，按月领取基本养老金。

参加基本养老保险的个人，达到法定退休年龄时累计缴费不足十五年的，可以缴费至满十五年，按月领取基本养老金；也可以转入新型农村社会养老保险或者城镇居民社会养老保险，按照国务院规定享受相应的养老保险待遇。

第十七条 参加基本养老保险的个人，因病或者非因工死亡的，其遗属可以领取丧葬补助金和抚恤金；在未达到法定退休年龄时因病或者非因工致残完全丧失劳动能力的，可以领取病残津贴。所需资金从基本养老保险基金中支付。

第十八条 国家建立基本养老金正常调整机制。根据职工平均工资增长、物价上涨情况，适时提高基本养老保险待遇水平。

第十九条 个人跨统筹地区就业的，其基本养老保险关系随本人转移，缴费年限累计计算。个人达到法定退休年龄时，基本养老金分段计算、统一支付。具体办法由国务院规定。

第二十条 国家建立和完善新型农村社会养老保险制度。

新型农村社会养老保险实行个人缴费、集体补助和政府补贴相结合。

第二十一条 新型农村社会养老保险待遇由基础养老金和个人账户养老金组成。

参加新型农村社会养老保险的农村居民，符合国家规定条件的，按月领取新型农村社会养老保险待遇。

第二十二条 国家建立和完善城镇居民社会养老保险制度。

省、自治区、直辖市人民政府根据实际情况，可以将城镇居民社会养老保险和新型农村社会养老保险合并实施。

第三章 基本医疗保险

第二十三条 职工应当参加职工基本医疗保险，由用人单位和职工按照国家规定共同缴纳基本医疗保险费。

无雇工的个体工商户、未在用人单位参加职工基本医疗保险的非全日制从业人员以及其他灵活就业人员可以参加职工基本医疗保险，由个人按照国家规定缴纳基本医疗保险费。

第二十四条 国家建立和完善新型农村合作医疗制度。

新型农村合作医疗的管理办法，由国务院规定。

第二十五条 国家建立和完善城镇居民基本医疗保险制度。

城镇居民基本医疗保险实行个人缴费和政府补贴相结合。

享受最低生活保障的人、丧失劳动能力的残疾人、低收入家庭六十周岁以上的老年人和未成年人等所需个人缴费部分，由政府给予补贴。

第二十六条 职工基本医疗保险、新型农村合作医疗和城镇居民基本医疗保险的待遇标准按照国家规定执行。

第二十七条 参加职工基本医疗保险的个人，达到法定退休年龄时累计缴费达到国家规定年限的，退休后不再缴纳基本医疗保险费，按照国家规定享受基本医疗保险待遇；未达到国家规定年限的，可以缴费至国家规定年限。

第二十八条 符合基本医疗保险药品目录、诊疗项目、医疗服务设施标准以及急诊、抢救的医疗费用，按照国家规定从基本医疗保险基金中支付。

第二十九条 参保人员医疗费用中应当由基本医疗保险基金支付的部分，由社会保险经办机构与医疗机构、药品经营单位直接结算。

社会保险行政部门和卫生行政部门应当建立异地就医医疗费用结算制度，方便参保人员享受基本医疗保险待遇。

第三十条 下列医疗费用不纳入基本医疗保险基金支付

范围：

（一）应当从工伤保险基金中支付的；

（二）应当由第三人负担的；

（三）应当由公共卫生负担的；

（四）在境外就医的。

医疗费用依法应当由第三人负担，第三人不支付或者无法确定第三人的，由基本医疗保险基金先行支付。基本医疗保险基金先行支付后，有权向第三人追偿。

第三十一条 社会保险经办机构根据管理服务的需要，可以与医疗机构、药品经营单位签订服务协议，规范医疗服务行为。

医疗机构应当为参保人员提供合理、必要的医疗服务。

第三十二条 个人跨统筹地区就业的，其基本医疗保险关系随本人转移，缴费年限累计计算。

第四章 工伤保险

第三十三条 职工应当参加工伤保险，由用人单位缴纳工伤保险费，职工不缴纳工伤保险费。

第三十四条 国家根据不同行业的工伤风险程度确定行业的差别费率，并根据使用工伤保险基金、工伤发生率等情况在每个行业内确定费率档次。行业差别费率和行业内费率档次由国务院社会保险行政部门制定，报国务院批准后公布施行。

社会保险经办机构根据用人单位使用工伤保险基金、工伤发生率和所属行业费率档次等情况，确定用人单位缴费费率。

第三十五条 用人单位应当按照本单位职工工资总额，根据社会保险经办机构确定的费率缴纳工伤保险费。

第三十六条 职工因工作原因受到事故伤害或者患职业病，且经工伤认定的，享受工伤保险待遇；其中，经劳动能力鉴定丧失劳动能力的，享受伤残待遇。

工伤认定和劳动能力鉴定应当简捷、方便。

第三十七条 职工因下列情形之一导致本人在工作中伤亡的，不认定为工伤：

（一）故意犯罪；

（二）醉酒或者吸毒；

（三）自残或者自杀；

（四）法律、行政法规规定的其他情形。

第三十八条 因工伤发生的下列费用，按照国家规定从工伤保险基金中支付：

（一）治疗工伤的医疗费用和康复费用；

（二）住院伙食补助费；

（三）到统筹地区以外就医的交通食宿费；

（四）安装配置伤残辅助器具所需费用；

（五）生活不能自理的，经劳动能力鉴定委员会确认的生活护理费；

（六）一次性伤残补助金和一至四级伤残职工按月领取的伤残津贴；

（七）终止或者解除劳动合同时，应当享受的一次性医疗补助金；

（八）因工死亡的，其遗属领取的丧葬补助金、供养亲属抚恤金和因工死亡补助金；

（九）劳动能力鉴定费。

第三十九条 因工伤发生的下列费用，按照国家规定由用人单位支付：

（一）治疗工伤期间的工资福利；

（二）五级、六级伤残职工按月领取的伤残津贴；

（三）终止或者解除劳动合同时，应当享受的一次性伤残就业补助金。

第四十条 工伤职工符合领取基本养老金条件的，停发伤残津贴，享受基本养老保险待遇。基本养老保险待遇低于伤残津贴的，从工伤保险基金中补足差额。

第四十一条 职工所在用人单位未依法缴纳工伤保险费，发生工伤事故的，由用人单位支付工伤保险待遇。用人单位不支付的，从工伤保险基金中先行支付。

从工伤保险基金中先行支付的工伤保险待遇应当由用人单位偿还。用人单位不偿还的，社会保险经办机构可以依照本法第六十三条的规定追偿。

第四十二条 由于第三人的原因造成工伤，第三人不支付工伤医疗费用或者无法确定第三人的，由工伤保险基金先行支付。工伤保险基金先行支付后，有权向第三人追偿。

第四十三条 工伤职工有下列情形之一的，停止享受工伤保险待遇：

（一）丧失享受待遇条件的；

（二）拒不接受劳动能力鉴定的；

（三）拒绝治疗的。

第五章 失业保险

第四十四条 职工应当参加失业保险，由用人单位和职工按照国家规定共同缴纳失业保险费。

第四十五条 失业人员符合下列条件的，从失业保险基金中领取失业保险金：

（一）失业前用人单位和本人已经缴纳失业保险费满一年的；

（二）非因本人意愿中断就业的；

（三）已经进行失业登记，并有求职要求的。

第四十六条 失业人员失业前用人单位和本人累计缴费满一年不足五年的，领取失业保险金的期限最长为十二个月；累计缴费满五年不足十年的，领取失业保险金的期限最长为十八个月；累计缴费十年以上的，领取失业保险金的期限最长为二十四个月。重新就业后，再次失业的，缴费时间重新计算，领取失业保险金的期限与前次失业应当领取而尚未领取的失业保险金的期限合并计算，最长不超过二十四个月。

第四十七条 失业保险金的标准，由省、自治区、直辖市人民政府确定，不得低于城市居民最低生活保障标准。

第四十八条 失业人员在领取失业保险金期间，参加职工基本医疗保险，享受基本医疗保险待遇。

失业人员应当缴纳的基本医疗保险费从失业保险基金中支付，个人不缴纳基本医疗保险费。

第四十九条 失业人员在领取失业保险金期间死亡的，参照当地对在职职工死亡的规定，向其遗属发给一次性丧葬补助金和抚恤金。所需资金从失业保险基金中支付。

个人死亡同时符合领取基本养老保险丧葬补助金、工伤保险丧葬补助金和失业保险丧葬补助金条件的，其遗属只能选择领取其中的一项。

第五十条 用人单位应当及时为失业人员出具终止或者解除劳动关系的证明，并将失业人员的名单自终止或者解除劳动关系之日起十五日内告知社会保险经办机构。

失业人员应当持本单位为其出具的终止或者解除劳动关系的证明，及时到指定的公共就业服务机构办理失业登记。

失业人员凭失业登记证明和个人身份证明，到社会保险经办机构办理领取失业保险金的手续。失业保险金领取期限自办理失业登记之日起计算。

第五十一条 失业人员在领取失业保险金期间有下列情形之一的，停止领取失业保险金，并同时停止享受其他失业保险待遇：

（一）重新就业的；

（二）应征服兵役的；

（三）移居境外的；

（四）享受基本养老保险待遇的；

（五）无正当理由，拒不接受当地人民政府指定部门或者机构介绍的适当工作或者提供的培训的。

第五十二条 职工跨统筹地区就业的，其失业保险关系随本人转移，缴费年限累计计算。

第六章 生育保险

第五十三条 职工应当参加生育保险，由用人单位按照国家规定缴纳生育保险费，职工不缴纳生育保险费。

第五十四条 用人单位已经缴纳生育保险费的，其职工享受生育保险待遇；职工未就业配偶按照国家规定享受生育医疗费用待遇。所需资金从生育保险基金中支付。

生育保险待遇包括生育医疗费用和生育津贴。

第五十五条 生育医疗费用包括下列各项：

（一）生育的医疗费用；

（二）计划生育的医疗费用；

（三）法律、法规规定的其他项目费用。

第五十六条 职工有下列情形之一的，可以按照国家规定享受生育津贴：

（一）女职工生育享受产假；

（二）享受计划生育手术休假；

（三）法律、法规规定的其他情形。

生育津贴按照职工所在用人单位上年度职工月平均工资计发。

第七章 社会保险费征缴

第五十七条 用人单位应当自成立之日起三十日内凭营业执照、登记证书或者单位印章，向当地社会保险经办机构申请办理社会保险登记。社会保险经办机构应当自收到申请之日起十五日内予以审核，发给社会保险登记证件。

用人单位的社会保险登记事项发生变更或者用人单位依法终止的，应当自变更或者终止之日起三十日内，到社会保险经办机构办理变更或者注销社会保险登记。

市场监督管理部门、民政部门和机构编制管理机关应当及时向社会保险经办机构通报用人单位的成立、终止情况，公安机关应当及时向社会保险经办机构通报个人的出生、死亡以及户口登记、迁移、注销等情况。

第五十八条 用人单位应当自用工之日起三十日内为其职工向社会保险经办机构申请办理社会保险登记。未办理社会保险登记的，由社会保险经办机构核定其应当缴纳的社会保险费。

自愿参加社会保险的无雇工的个体工商户、未在用人单位参加社会保险的非全日制从业人员以及其他灵活就业人员，应当向社会保险经办机构申请办理社会保险登记。

国家建立全国统一的个人社会保障号码。个人社会保障号码为公民身份号码。

第五十九条 县级以上人民政府加强社会保险费的征收工作。

社会保险费实行统一征收，实施步骤和具体办法由国务院规定。

第六十条 用人单位应当自行申报、按时足额缴纳社会保险费，非因不可抗力等法定事由不得缓缴、减免。职工应当缴纳的社会保险费由用人单位代扣代缴，用人单位应当按月将缴纳社会保险费的明细情况告知本人。

无雇工的个体工商户、未在用人单位参加社会保险的非全日制从业人员以及其他灵活就业人员，可以直接向社会保险费征收机构缴纳社会保险费。

第六十一条 社会保险费征收机构应当依法按时足额征收社会保险费，并将缴费情况定期告知用人单位和个人。

第六十二条 用人单位未按规定申报应当缴纳的社会保险费数额的，按照该单位上月缴费额的百分之一百一十确定应当缴纳数额；缴费单位补办申报手续后，由社会保险费征收机构按照规定结算。

第六十三条 用人单位未按时足额缴纳社会保险费的，由社会保险费征收机构责令其限期缴纳或者补足。

用人单位逾期仍未缴纳或者补足社会保险费的，社会保险费征收机构可以向银行和其他金融机构查询其存款账户；并可以申请县级以上有关行政部门作出划拨社会保险费的决定，书面通知其开户银行或者其他金融机构划拨社会保险费。用人单位账户余额少于应当缴纳的社会保险费的，社会保险费征收机构可以要求该用人单位提供担保，签订延期缴费协议。

用人单位未足额缴纳社会保险费且未提供担保的，社会保险费征收机构可以申请人民法院扣押、查封、拍卖其价值相当于应当缴纳社会保险费的财产，以拍卖所得抵缴社会保险费。

第八章 社会保险基金

第六十四条 社会保险基金包括基本养老保险基金、基本医疗保险基金、工伤保险基金、失业保险基金和生育保险基金。除基本医疗保险基金与生育保险基金合并建账及核算外，其他各项社会保险基金按照社会保险险种分别建账，分账核算。社会保险基金执行国家统一的会计制度。

社会保险基金专款专用，任何组织和个人不得侵占或者挪用。

基本养老保险基金逐步实行全国统筹，其他社会保险基金逐步实行省级统筹，具体时间、步骤由国务院规定。

第六十五条 社会保险基金通过预算实现收支平衡。

县级以上人民政府在社会保险基金出现支付不足时，给予补贴。

第六十六条 社会保险基金按照统筹层次设立预算。除基本医疗保险基金与生育保险基金预算合并编制外，其他社会保险基金预算按照社会保险项目分别编制。

第六十七条 社会保险基金预算、决算草案的编制、审核和批准，依照法律和国务院规定执行。

第六十八条 社会保险基金存入财政专户，具体管理办法由国务院规定。

第六十九条 社会保险基金在保证安全的前提下，按照国务院规定投资运营实现保值增值。

社会保险基金不得违规投资运营，不得用于平衡其他政府预算，不得用于兴建、改建办公场所和支付人员经费、运行费用、管理费用，或者违反法律、行政法规规定挪作其他用途。

第七十条 社会保险经办机构应当定期向社会公布参加社会保险情况以及社会保险基金的收入、支出、结余和收益情况。

第七十一条 国家设立全国社会保障基金，由中央财政预算拨款以及国务院批准的其他方式筹集的资金构成，用于社会保障支出的补充、调剂。全国社会保障基金由全国社会保障基金管理运营机构负责管理运营，在保证安全的前提下实现保值增值。

全国社会保障基金应当定期向社会公布收支、管理和投资运营的情况。国务院财政部门、社会保险行政部门、审计机关对全国社会保障基金的收支、管理和投资运营情况实施监督。

第九章 社会保险经办

第七十二条 统筹地区设立社会保险经办机构。社会保险经办机构根据工作需要，经所在地的社会保险行政部门和机构编制管理机关批准，可以在本统筹地区设立分支机构和服务网点。

社会保险经办机构的人员经费和经办社会保险发生的基本运行费用、管理费用，由同级财政按照国家规定予以保障。

第七十三条 社会保险经办机构应当建立健全业务、财务、安全和风险管理制度。

社会保险经办机构应当按时足额支付社会保险待遇。

第七十四条 社会保险经办机构通过业务经办、统计、调查获取社会保险工作所需的数据，有关单位和个人应当及时、如实提供。

社会保险经办机构应当及时为用人单位建立档案，完整、准确地记录参加社会保险的人员、缴费等社会保险数据，妥善保管登记、申报的原始凭证和支付结算的会计凭证。

社会保险经办机构应当及时、完整、准确地记录参加社会保险的个人缴费和用人单位为其缴费，以及享受社会保险待遇等个人权益记录，定期将个人权益记录单免费寄送本人。

用人单位和个人可以免费向社会保险经办机构查询、核对其缴费和享受社会保险待遇记录，要求社会保险经办机构提供社会保险咨询等相关服务。

第七十五条 全国社会保险信息系统按照国家统一规划，由县级以上人民政府按照分级负责的原则共同建设。

第十章 社会保险监督

第七十六条 各级人民代表大会常务委员会听取和审议本级人民政府对社会保险基金的收支、管理、投资运营以及监督检查情况的专项工作报告，组织对本法实施情况的执法检查等，依法行使监督职权。

第七十七条 县级以上人民政府社会保险行政部门应当加强对用人单位和个人遵守社会保险法律、法规情况的监督检查。

社会保险行政部门实施监督检查时，被检查的用人单位和个人应当如实提供与社会保险有关的资料，不得拒绝检查或者谎报、瞒报。

第七十八条 财政部门、审计机关按照各自职责，对社会保险基金的收支、管理和投资运营情况实施监督。

第七十九条 社会保险行政部门对社会保险基金的收支、管理和投资运营情况进行监督检查，发现存在问题的，应当提出整改建议，依法作出处理决定或者向有关行政部门提出处理建议。社会保险基金检查结果应当定期向社会公布。

社会保险行政部门对社会保险基金实施监督检查，有权采取下列措施：

（一）查阅、记录、复制与社会保险基金收支、管理和投资运营相关的资料，对可能被转移、隐匿或者灭失的资料予以封存；

（二）询问与调查事项有关的单位和个人，要求其对与调查事项有关的问题作出说明、提供有关证明材料；

（三）对隐匿、转移、侵占、挪用社会保险基金的行为予以制止并责令改正。

第八十条 统筹地区人民政府成立由用人单位代表、参保人员代表，以及工会代表、专家等组成的社会保险监督委员会，掌握、分析社会保险基金的收支、管理和投资运营情况，对社会保险工作提出咨询意见和建议，实施社会监督。

社会保险经办机构应当定期向社会保险监督委员会汇报社会保险基金的收支、管理和投资运营情况。社会保险监督委员会可以聘请会计师事务所对社会保险基金的收支、管理和投资运营情况进行年度审计和专项审计。审计结果应当向社会公开。

社会保险监督委员会发现社会保险基金收支、管理和投资运营中存在问题的，有权提出改正建议；对社会保险经办机构及其工作人员的违法行为，有权向有关部门提出依法处理建议。

第八十一条 社会保险行政部门和其他有关行政部门、社会保险经办机构、社会保险费征收机构及其工作人员，应当依法为用人单位和个人的信息保密，不得以任何形式泄露。

第八十二条 任何组织或者个人有权对违反社会保险法律、法规的行为进行举报、投诉。

社会保险行政部门、卫生行政部门、社会保险经办机构、社会保险费征收机构和财政部门、审计机关对属于本部门、本机构职责范围的举报、投诉，应当依法处理；对不属于本部门、本机构职责范围的，应当书面通知并移交有权处理的部门、机构处理。有权处理的部门、机构应当及时处理，不得推诿。

第八十三条 用人单位或者个人认为社会保险费征收机构的行为侵害自己合法权益的，可以依法申请行政复议或者提起行政诉讼。

用人单位或者个人对社会保险经办机构不依法办理社会保险登记、核定社会保险费、支付社会保险待遇、办理社会保险转移接续手续或者侵害其他社会保险权益的行为，可以依法申请行政复议或者提起行政诉讼。

个人与所在用人单位发生社会保险争议的，可以依法申请调解、仲裁，提起诉讼。用人单位侵害个人社会保险权益的，个人也可以要求社会保险行政部门或者社会保险费征收机构依法处理。

第十一章 法律责任

第八十四条 用人单位不办理社会保险登记的，由社会保险行政部门责令限期改正；逾期不改正的，对用人单位处应缴社会保险费数额一倍以上三倍以下的罚款，对其直接负责的主管人员和其他直接责任人员处五百元以上三千元以下的罚款。

第八十五条 用人单位拒不出具终止或者解除劳动关系证明的，依照《中华人民共和国劳动合同法》的规定处理。

第八十六条 用人单位未按时足额缴纳社会保险费的，由社会保险费征收机构责令限期缴纳或者补足，并自欠缴之日起，按日加收万分之五的滞纳金；逾期仍不缴纳的，由有关行政部门处欠缴数额一倍以上三倍以下的罚款。

第八十七条 社会保险经办机构以及医疗机构、药品经营单位等社会保险服务机构以欺诈、伪造证明材料或者其他手段骗取社会保险基金支出的，由社会保险行政部门责令退回骗取的社会保险金，处骗取金额二倍以上五倍以下的罚款；属于社会保险服务机构的，解除服务协议；直接负责的主管人员和其他直接责任人员有执业资格的，依法吊销其执业资格。

第八十八条 以欺诈、伪造证明材料或者其他手段骗取社会保险待遇的，由社会保险行政部门责令退回骗取的社会保险金，处骗取金额二倍以上五倍以下的罚款。

第八十九条 社会保险经办机构及其工作人员有下列行为之一的，由社会保险行政部门责令改正；给社会保险基金、用人单位或者个人造成损失的，依法承担赔偿责任；对直接负责的主管人员和其他直接责任人员依法给予处分：

（一）未履行社会保险法定职责的；

（二）未将社会保险基金存入财政专户的；

（三）克扣或者拒不按时支付社会保险待遇的；

（四）丢失或者篡改缴费记录、享受社会保险待遇记录等社会保险数据、个人权益记录的；

（五）有违反社会保险法律、法规的其他行为的。

第九十条 社会保险费征收机构擅自更改社会保险费缴费基数、费率，导致少收或者多收社会保险费的，由有关行政部门责令其追缴应当缴纳的社会保险费或者退还不应当缴纳的社会保险费；对直接负责的主管人员和其他直接责任人员依法给予处分。

第九十一条 违反本法规定，隐匿、转移、侵占、挪用社会保险基金或者违规投资运营的，由社会保险行政部门、财政部门、审计机关责令追回；有违法所得的，没收违法所得；对直接负责的主管人员和其他直接责任人员依法给予处分。

第九十二条 社会保险行政部门和其他有关行政部门、社会保险经办机构、社会保险费征收机构及其工作人员泄露用人单位和个人信息的，对直接负责的主管人员和其他直接责任人员依法给予处分；给用人单位或者个人造成损失的，应当承担赔偿责任。

第九十三条 国家工作人员在社会保险管理、监督工作中滥用职权、玩忽职守、徇私舞弊的，依法给予处分。

第九十四条 违反本法规定，构成犯罪的，依法追究刑事责任。

第十二章 附 则

第九十五条 进城务工的农村居民依照本法规定参加社会保险。

第九十六条 征收农村集体所有的土地，应当足额安排被征地农民的社会保险费，按照国务院规定将被征地农民纳入相应的社会保险制度。

第九十七条 外国人在中国境内就业的，参照本法规定参加社会保险。

第九十八条 本法自2011年7月1日起施行。

中华人民共和国劳动法

（1994 年 7 月 5 日第八届全国人民代表大会常务委员会第八次会议通过　根据 2009 年 8 月 27 日第十一届全国人民代表大会常务委员会第十次会议《关于修改部分法律的决定》第一次修正　根据 2018 年 12 月 29 日第十三届全国人民代表大会常务委员会第七次会议《关于修改〈中华人民共和国劳动法〉等七部法律的决定》第二次修正）

目　录

第一章　总　则

第一条　为了保护劳动者的合法权益，调整劳动关系，建立和维护适应社会主义市场经济的劳动制度，促进经济发展和社会进步，根据宪法，制定本法。

第二条　在中华人民共和国境内的企业、个体经济组织（以下统称用人单位）和与之形成劳动关系的劳动者，适用本法。

国家机关、事业组织、社会团体和与之建立劳动合同关系的劳动者，依照本法执行。

第三条　劳动者享有平等就业和选择职业的权利、取得劳动报酬的权利、休息休假的权利、获得劳动安全卫生保护的权利、接受职业技能培训的权利、享受社会保险和福利的权利、提请劳动争议处理的权利以及法律规定的其他劳动权利。

劳动者应当完成劳动任务，提高职业技能，执行劳动安全卫生规程，遵守劳动纪律和职业道德。

第四条　用人单位应当依法建立和完善规章制度，保障劳动者享有劳动权利和履行劳动义务。

第五条　国家采取各种措施，促进劳动就业，发展职业教育，制定劳动标准，调节社会收入，完善社会保险，协调劳动关系，逐步提高劳动者的生活水平。

第六条　国家提倡劳动者参加社会义务劳动，开展劳动竞赛和合理化建议活动，鼓励和保护劳动者进行科学研究、技术革新和发明创造，表彰和奖励劳动模范和先进工作者。

第七条　劳动者有权依法参加和组织工会。

工会代表和维护劳动者的合法权益，依法独立自主地开展活动。

第八条　劳动者依照法律规定，通过职工大会、职工代表大会或者其他形式，参与民主管理或者就保护劳动者合法权益与用人单位进行平等协商。

第九条 国务院劳动行政部门主管全国劳动工作。

县级以上地方人民政府劳动行政部门主管本行政区域内的劳动工作。

第二章 促进就业

第十条 国家通过促进经济和社会发展，创造就业条件，扩大就业机会。

国家鼓励企业、事业组织、社会团体在法律、行政法规规定的范围内兴办产业或者拓展经营，增加就业。

国家支持劳动者自愿组织起来就业和从事个体经营实现就业。

第十一条 地方各级人民政府应当采取措施，发展多种类型的职业介绍机构，提供就业服务。

第十二条 劳动者就业，不因民族、种族、性别、宗教信仰不同而受歧视。

第十三条 妇女享有与男子平等的就业权利。在录用职工时，除国家规定的不适合妇女的工种或者岗位外，不得以性别为由拒绝录用妇女或者提高对妇女的录用标准。

第十四条 残疾人、少数民族人员、退出现役的军人的就业，法律、法规有特别规定的，从其规定。

第十五条 禁止用人单位招用未满十六周岁的未成年人。

文艺、体育和特种工艺单位招用未满十六周岁的未成年人，必须遵守国家有关规定，并保障其接受义务教育的权利。

第三章 劳动合同和集体合同

第十六条 劳动合同是劳动者与用人单位确立劳动关系、明确双方权利和义务的协议。

建立劳动关系应当订立劳动合同。

第十七条 订立和变更劳动合同，应当遵循平等自愿、协商一致的原则，不得违反法律、行政法规的规定。

劳动合同依法订立即具有法律约束力，当事人必须履行劳动合同规定的义务。

第十八条 下列劳动合同无效：

（一）违反法律、行政法规的劳动合同；

（二）采取欺诈、威胁等手段订立的劳动合同。

无效的劳动合同，从订立的时候起，就没有法律约束力。确认劳动合同部分无效的，如果不影响其余部分的效力，其余部分仍然有效。

劳动合同的无效，由劳动争议仲裁委员会或者人民法院确认。

第十九条 劳动合同应当以书面形式订立，并具备以下条款：

（一）劳动合同期限；

（二）工作内容；

（三）劳动保护和劳动条件；

（四）劳动报酬；

（五）劳动纪律；

（六）劳动合同终止的条件；

（七）违反劳动合同的责任。

劳动合同除前款规定的必备条款外，当事人可以协商约定其他内容。

第二十条 劳动合同的期限分为有固定期限、无固定期限和以完成一定的工作为期限。

劳动者在同一用人单位连续工作满十年以上，当事人双方同意续延劳动合同的，如果劳动者提出订立无固定期限的劳动合同，应当订立无固定期限的劳动合同。

第二十一条 劳动合同可以约定试用期。试用期最长不得超过六个月。

第二十二条 劳动合同当事人可以在劳动合同中约定保守用人单位商业秘密的有关事项。

第二十三条 劳动合同期满或者当事人约定的劳动合同终止条件出现，劳动合同即行终止。

第二十四条 经劳动合同当事人协商一致，劳动合同可以解除。

第二十五条 劳动者有下列情形之一的，用人单位可以解除劳动合同：

（一）在试用期间被证明不符合录用条件的；

（二）严重违反劳动纪律或者用人单位规章制度的；

（三）严重失职，营私舞弊，对用人单位利益造成重大损害的；

（四）被依法追究刑事责任的。

第二十六条 有下列情形之一的，用人单位可以解除劳动合同，但是应当提前三十日以书面形式通知劳动者本人：

（一）劳动者患病或者非因工负伤，医疗期满后，不能从事原工作也不能从事由用人单位另行安排的工作的；

（二）劳动者不能胜任工作，经过培训或者调整工作岗位，仍不能胜任工作的；

（三）劳动合同订立时所依据的客观情况发生重大变化，致使原劳动合同无法履行，经当事人协商不能就变更劳动合同达成协议的。

第二十七条 用人单位濒临破产进行法定整顿期间或者生产经营状况发生严重困难，确需裁减人员的，应当提前三十日向工会或者全体职工说明情况，听取工会或者职工的意见，经向劳动行政部门报告后，可以裁减人员。

用人单位依据本条规定裁减人员，在六个月内录用人员的，应当优先录用被裁减的人员。

第二十八条 用人单位依据本法第二十四条、第二十六条、第二十七条的规定解除劳动合同的，应当依照国家有关规定给予经济补偿。

第二十九条 劳动者有下列情形之一的，用人单位不得依据本法第二十六条、第二十七条的规定解除劳动合同：

（一）患职业病或者因工负伤并被确认丧失或者部分丧失劳动能力的；

（二）患病或者负伤，在规定的医疗期内的；

（三）女职工在孕期、产期、哺乳期内的；

（四）法律、行政法规规定的其他情形。

第三十条 用人单位解除劳动合同，工会认为不适当的，有权提出意见。如果用人单位违反法律、法规或者劳动合同，工会有权要求重新处理；劳动者申请仲裁或者提起诉讼的，工会应当依法给予支持和帮助。

第三十一条 劳动者解除劳动合同，应当提前三十日以书面形式通知用人单位。

第三十二条 有下列情形之一的，劳动者可以随时通知用人单位解除劳动合同：

（一）在试用期内的；

（二）用人单位以暴力、威胁或者非法限制人身自由的手段强迫劳动的；

（三）用人单位未按照劳动合同约定支付劳动报酬或者提供劳动条件的。

第三十三条 企业职工一方与企业可以就劳动报酬、工作时间、休息休假、劳动安全卫生、保险福利等事项，签订集体合同。集体合同草案应当提交职工代表大会或者全体职工讨论通过。

集体合同由工会代表职工与企业签订；没有建立工会的企业，由职工推举的代表与企业签订。

第三十四条 集体合同签订后应当报送劳动行政部门；劳动行政部门自收到集体合同文本之日起十五日内未提出异议的，集体合同即行生效。

第三十五条 依法签订的集体合同对企业和企业全体职工具有约束力。职工个人与企业订立的劳动合同中劳动条件和劳动报酬等标准不得低于集体合同的规定。

第四章 工作时间和休息休假

第三十六条 国家实行劳动者每日工作时间不超过八小时、平均每周工作时间不超过四十四小时的工时制度。

第三十七条 对实行计件工作的劳动者，用人单位应当根据本法第三十六条规定的工时制度合理确定其劳动定额和计件报酬标准。

第三十八条 用人单位应当保证劳动者每周至少休息一日。

第三十九条 企业因生产特点不能实行本法第三十六条、第三十八条规定的，经劳动行政部门批准，可以实行其他工作和休息办法。

第四十条 用人单位在下列节日期间应当依法安排劳动者休假：

（一）元旦；

（二）春节；

（三）国际劳动节；

（四）国庆节；

（五）法律、法规规定的其他休假节日。

第四十一条 用人单位由于生产经营需要，经与工会和劳动者协商后可以延长工作时间，一般每日不得超过一小时；因特殊原因需要延长工作时间的，在保障劳动者身体健康的条件下延长工作时间每日不得超过三小时，但是每月不得超过三十六小时。

第四十二条 有下列情形之一的，延长工作时间不受本法第四十一条规定的限制：

（一）发生自然灾害、事故或者因其他原因，威胁劳动者生命健康和财产安全，需要紧急处理的；

（二）生产设备、交通运输线路、公共设施发生故障，影响生产和公众利益，必须及时抢修的；

（三）法律、行政法规规定的其他情形。

第四十三条 用人单位不得违反本法规定延长劳动者的工作时间。

第四十四条 有下列情形之一的，用人单位应当按照下列标准支付高于劳动者正常工作时间工资的工资报酬：

（一）安排劳动者延长工作时间的，支付不低于工资的百分之一百五十的工资报酬；

（二）休息日安排劳动者工作又不能安排补休的，支付不低于工资的百分之二百的工资报酬；

（三）法定休假日安排劳动者工作的，支付不低于工资的百分之三百的工资报酬。

第四十五条 国家实行带薪年休假制度。

劳动者连续工作一年以上的，享受带薪年休假。具体办法由国务院规定。

第五章 工 资

第四十六条 工资分配应当遵循按劳分配原则，实行同工同酬。

工资水平在经济发展的基础上逐步提高。国家对工资总量实行宏观调控。

第四十七条 用人单位根据本单位的生产经营特点和经济效益，依法自主确定本单位的工资分配方式和工资水平。

第四十八条 国家实行最低工资保障制度。最低工资的具体标准由省、自治区、直辖市人民政府规定，报国务院备案。

用人单位支付劳动者的工资不得低于当地最低工资标准。

第四十九条 确定和调整最低工资标准应当综合参考下列因素：

（一）劳动者本人及平均赡养人口的最低生活费用；

（二）社会平均工资水平；

（三）劳动生产率；

（四）就业状况；

（五）地区之间经济发展水平的差异。

第五十条 工资应当以货币形式按月支付给劳动者本人。不得克扣或者无故拖欠劳动者的工资。

第五十一条 劳动者在法定休假日和婚丧假期间以及依法参加社会活动期间，用人单位应当依法支付工资。

第六章 劳动安全卫生

第五十二条 用人单位必须建立、健全劳动安全卫生制度，严格执行国家劳动安全卫生规程和标准，对劳动者进行劳动安全卫生教育，防止劳动过程中的事故，减少职业危害。

第五十三条 劳动安全卫生设施必须符合国家规定的标准。

新建、改建、扩建工程的劳动安全卫生设施必须与主体工程同时设计、同时施工、同时投入生产和使用。

第五十四条 用人单位必须为劳动者提供符合国家规定的劳动安全卫生条件和必要的劳动防护用品，对从事有职业危害作业的劳动者应当定期进行健康检查。

第五十五条 从事特种作业的劳动者必须经过专门培训并取得特种作业资格。

第五十六条 劳动者在劳动过程中必须严格遵守安全操作规程。

劳动者对用人单位管理人员违章指挥、强令冒险作业，有权拒绝执行；对危害生命安全和身体健康的行为，有权提出批评、检举和控告。

第五十七条 国家建立伤亡事故和职业病统计报告和处理制度。县级以上各级人民政府劳动行政部门、有关部门和用人单位应当依法对劳动者在劳动过程中发生的伤亡事故和劳动者的职业病状况，进行统计、报告和处理。

第七章 女职工和未成年工特殊保护

第五十八条 国家对女职工和未成年工实行特殊劳动保护。

未成年工是指年满十六周岁未满十八周岁的劳动者。

第五十九条 禁止安排女职工从事矿山井下、国家规定的第四级体力劳动强度的劳动和其他禁忌从事的劳动。

第六十条 不得安排女职工在经期从事高处、低温、冷水作业和国家规定的第三级体力劳动强度的劳动。

第六十一条 不得安排女职工在怀孕期间从事国家规定的第三级体力劳动强度的劳动和孕期禁忌从事的劳动。对怀孕七个月以上的女职工，不得安排其延长工作时间和夜班劳动。

第六十二条 女职工生育享受不少于九十天的产假。

第六十三条 不得安排女职工在哺乳未满一周岁的婴儿期间从事国家规定的第三级体力劳动强度的劳动和哺乳期禁忌从事的其他劳动，不得安排其延长工作时间和夜班劳动。

第六十四条 不得安排未成年工从事矿山井下、有毒有害、国家规定的第四级体力劳动强度的劳动和其他禁忌从事的劳动。

第六十五条 用人单位应当对未成年工定期进行健康检查。

第八章 职业培训

第六十六条 国家通过各种途径，采取各种措施，发展职业培训事业，开发劳动者的职业技能，提高劳动者素质，增强劳动者的就业能力和工作能力。

第六十七条 各级人民政府应当把发展职业培训纳入社会经

济发展的规划，鼓励和支持有条件的企业、事业组织、社会团体和个人进行各种形式的职业培训。

第六十八条 用人单位应当建立职业培训制度，按照国家规定提取和使用职业培训经费，根据本单位实际，有计划地对劳动者进行职业培训。

从事技术工种的劳动者，上岗前必须经过培训。

第六十九条 国家确定职业分类，对规定的职业制定职业技能标准，实行职业资格证书制度，由经备案的考核鉴定机构负责对劳动者实施职业技能考核鉴定。

第九章 社会保险和福利

第七十条 国家发展社会保险事业，建立社会保险制度，设立社会保险基金，使劳动者在年老、患病、工伤、失业、生育等情况下获得帮助和补偿。

第七十一条 社会保险水平应当与社会经济发展水平和社会承受能力相适应。

第七十二条 社会保险基金按照保险类型确定资金来源，逐步实行社会统筹。用人单位和劳动者必须依法参加社会保险，缴纳社会保险费。

第七十三条 劳动者在下列情形下，依法享受社会保险待遇：

（一）退休；

（二）患病、负伤；

（三）因工伤残或者患职业病；

（四）失业；

（五）生育。

劳动者死亡后，其遗属依法享受遗属津贴。

劳动者享受社会保险待遇的条件和标准由法律、法规规定。

劳动者享受的社会保险金必须按时足额支付。

第七十四条 社会保险基金经办机构依照法律规定收支、管理和运营社会保险基金，并负有使社会保险基金保值增值的责任。

社会保险基金监督机构依照法律规定，对社会保险基金的收支、管理和运营实施监督。

社会保险基金经办机构和社会保险基金监督机构的设立和职能由法律规定。

任何组织和个人不得挪用社会保险基金。

第七十五条 国家鼓励用人单位根据本单位实际情况为劳动者建立补充保险。

国家提倡劳动者个人进行储蓄性保险。

第七十六条 国家发展社会福利事业，兴建公共福利设施，为劳动者休息、休养和疗养提供条件。

用人单位应当创造条件，改善集体福利，提高劳动者的福利待遇。

第十章 劳动争议

第七十七条 用人单位与劳动者发生劳动争议，当事人可以依法申请调解、仲裁、提起诉讼，也可以协商解决。

调解原则适用于仲裁和诉讼程序。

第七十八条 解决劳动争议，应当根据合法、公正、及时处理的原则，依法维护劳动争议当事人的合法权益。

第七十九条 劳动争议发生后，当事人可以向本单位劳动争议调解委员会申请调解；调解不成，当事人一方要求仲裁的，可以向劳动争议仲裁委员会申请仲裁。当事人一方也可以直接向劳动争议仲裁委员会申请仲裁。对仲裁裁决不服的，可以向人民法院提起诉讼。

第八十条 在用人单位内，可以设立劳动争议调解委员会。劳动争议调解委员会由职工代表、用人单位代表和工会代表组成。劳动争议调解委员会主任由工会代表担任。

劳动争议经调解达成协议的，当事人应当履行。

第八十一条 劳动争议仲裁委员会由劳动行政部门代表、同级工会代表、用人单位方面的代表组成。劳动争议仲裁委员会主任由劳动行政部门代表担任。

第八十二条 提出仲裁要求的一方应当自劳动争议发生之日起六十日内向劳动争议仲裁委员会提出书面申请。仲裁裁决一般应在收到仲裁申请的六十日内作出。对仲裁裁决无异议的，当事人必须履行。

第八十三条 劳动争议当事人对仲裁裁决不服的，可以自收到仲裁裁决书之日起十五日内向人民法院提起诉讼。一方当事人在法定期限内不起诉又不履行仲裁裁决的，另一方当事人可以申请人民法院强制执行。

第八十四条 因签订集体合同发生争议，当事人协商解决不成的，当地人民政府劳动行政部门可以组织有关各方协调处理。

因履行集体合同发生争议，当事人协商解决不成的，可以向劳动争议仲裁委员会申请仲裁；对仲裁裁决不服的，可以自收到仲裁裁决书之日起十五日内向人民法院提起诉讼。

第十一章　监督检查

第八十五条 县级以上各级人民政府劳动行政部门依法对用人单位遵守劳动法律、法规的情况进行监督检查，对违反劳动法律、法规的行为有权制止，并责令改正。

第八十六条 县级以上各级人民政府劳动行政部门监督检查人员执行公务，有权进入用人单位了解执行劳动法律、法规的情况，查阅必要的资料，并对劳动场所进行检查。

县级以上各级人民政府劳动行政部门监督检查人员执行公务，必须出示证件，秉公执法并遵守有关规定。

第八十七条 县级以上各级人民政府有关部门在各自职责范

围内，对用人单位遵守劳动法律、法规的情况进行监督。

第八十八条 各级工会依法维护劳动者的合法权益，对用人单位遵守劳动法律、法规的情况进行监督。

任何组织和个人对于违反劳动法律、法规的行为有权检举和控告。

第十二章 法律责任

第八十九条 用人单位制定的劳动规章制度违反法律、法规规定的，由劳动行政部门给予警告，责令改正；对劳动者造成损害的，应当承担赔偿责任。

第九十条 用人单位违反本法规定，延长劳动者工作时间的，由劳动行政部门给予警告，责令改正，并可以处以罚款。

第九十一条 用人单位有下列侵害劳动者合法权益情形之一的，由劳动行政部门责令支付劳动者的工资报酬、经济补偿，并可以责令支付赔偿金：

（一）克扣或者无故拖欠劳动者工资的；

（二）拒不支付劳动者延长工作时间工资报酬的；

（三）低于当地最低工资标准支付劳动者工资的；

（四）解除劳动合同后，未依照本法规定给予劳动者经济补偿的。

第九十二条 用人单位的劳动安全设施和劳动卫生条件不符合国家规定或者未向劳动者提供必要的劳动防护用品和劳动保护设施的，由劳动行政部门或者有关部门责令改正，可以处以罚款；情节严重的，提请县级以上人民政府决定责令停产整顿；对事故隐患不采取措施，致使发生重大事故，造成劳动者生命和财产损失的，对责任人员依照刑法有关规定追究刑事责任。

第九十三条 用人单位强令劳动者违章冒险作业，发生重大伤亡事故，造成严重后果的，对责任人员依法追究刑事责任。

第九十四条 用人单位非法招用未满十六周岁的未成年人

的，由劳动行政部门责令改正，处以罚款；情节严重的，由市场监督管理部门吊销营业执照。

第九十五条 用人单位违反本法对女职工和未成年工的保护规定，侵害其合法权益的，由劳动行政部门责令改正，处以罚款；对女职工或者未成年工造成损害的，应当承担赔偿责任。

第九十六条 用人单位有下列行为之一，由公安机关对责任人员处以十五日以下拘留、罚款或者警告；构成犯罪的，对责任人员依法追究刑事责任：

（一）以暴力、威胁或者非法限制人身自由的手段强迫劳动的；

（二）侮辱、体罚、殴打、非法搜查和拘禁劳动者的。

第九十七条 由于用人单位的原因订立的无效合同，对劳动者造成损害的，应当承担赔偿责任。

第九十八条 用人单位违反本法规定的条件解除劳动合同或者故意拖延不订立劳动合同的，由劳动行政部门责令改正；对劳动者造成损害的，应当承担赔偿责任。

第九十九条 用人单位招用尚未解除劳动合同的劳动者，对原用人单位造成经济损失的，该用人单位应当依法承担连带赔偿责任。

第一百条 用人单位无故不缴纳社会保险费的，由劳动行政部门责令其限期缴纳；逾期不缴的，可以加收滞纳金。

第一百零一条 用人单位无理阻挠劳动行政部门、有关部门及其工作人员行使监督检查权，打击报复举报人员的，由劳动行政部门或者有关部门处以罚款；构成犯罪的，对责任人员依法追究刑事责任。

第一百零二条 劳动者违反本法规定的条件解除劳动合同或者违反劳动合同中约定的保密事项，对用人单位造成经济损失的，应当依法承担赔偿责任。

第一百零三条 劳动行政部门或者有关部门的工作人员滥用

职权、玩忽职守、徇私舞弊，构成犯罪的，依法追究刑事责任；不构成犯罪的，给予行政处分。

第一百零四条 国家工作人员和社会保险基金经办机构的工作人员挪用社会保险基金，构成犯罪的，依法追究刑事责任。

第一百零五条 违反本法规定侵害劳动者合法权益，其他法律、行政法规已规定处罚的，依照该法律、行政法规的规定处罚。

第十三章 附 则

第一百零六条 省、自治区、直辖市人民政府根据本法和本地区的实际情况，规定劳动合同制度的实施步骤，报国务院备案。

第一百零七条 本法自 1995 年 1 月 1 日起施行。

中华人民共和国公务员法

（2005 年 4 月 27 日第十届全国人民代表大会常务委员会第十五次会议通过　根据 2017 年 9 月 1 日第十二届全国人民代表大会常务委员会第二十九次会议《关于修改〈中华人民共和国法官法〉等八部法律的决定》修正　2018 年 12 月 29 日第十三届全国人民代表大会常务委员会第七次会议修订）

目　录

第一章　总　则

第一条　为了规范公务员的管理，保障公务员的合法权益，加强对公务员的监督，促进公务员正确履职尽责，建设信念坚定、为民服务、勤政务实、敢于担当、清正廉洁的高素质专业化公务员队伍，根据宪法，制定本法。

第二条　本法所称公务员，是指依法履行公职、纳入国家行政编制、由国家财政负担工资福利的工作人员。

公务员是干部队伍的重要组成部分，是社会主义事业的中坚力量，是人民的公仆。

第三条　公务员的义务、权利和管理，适用本法。

法律对公务员中领导成员的产生、任免、监督以及监察官、法官、检察官等的义务、权利和管理另有规定的，从其规定。

第四条　公务员制度坚持中国共产党领导，坚持以马克思列宁主义、毛泽东思想、邓小平理论、“三个代表”重要思想、科学发展观、习近平新时代中国特色社会主义思想为指导，贯彻社会主义初级阶段的基本路线，贯彻新时代中国共产党的组织路线，坚持党管干部原则。

第五条　公务员的管理，坚持公开、平等、竞争、择优的原则，依照法定的权限、条件、标准和程序进行。

第六条　公务员的管理，坚持监督约束与激励保障并重的原则。

第七条　公务员的任用，坚持德才兼备、以德为先，坚持五湖四海、任人唯贤，坚持事业为上、公道正派，突出政治标准，注重工作实绩。

第八条　国家对公务员实行分类管理，提高管理效能和科学化水平。

第九条 公务员就职时应当依照法律规定公开进行宪法宣誓。

第十条 公务员依法履行职责的行为，受法律保护。

第十一条 公务员工资、福利、保险以及录用、奖励、培训、辞退等所需经费，列入财政预算，予以保障。

第十二条 中央公务员主管部门负责全国公务员的综合管理工作。县级以上地方各级公务员主管部门负责本辖区内公务员的综合管理工作。上级公务员主管部门指导下级公务员主管部门的公务员管理工作。各级公务员主管部门指导同级各机关的公务员管理工作。

第二章 公务员的条件、义务与权利

第十三条 公务员应当具备下列条件：

（一）具有中华人民共和国国籍；

（二）年满十八周岁；

（三）拥护中华人民共和国宪法，拥护中国共产党领导和社会主义制度；

（四）具有良好的政治素质和道德品行；

（五）具有正常履行职责的身体条件和心理素质；

（六）具有符合职位要求的文化程度和工作能力；

（七）法律规定的其他条件。

第十四条 公务员应当履行下列义务：

（一）忠于宪法，模范遵守、自觉维护宪法和法律，自觉接受中国共产党领导；

（二）忠于国家，维护国家的安全、荣誉和利益；

（三）忠于人民，全心全意为人民服务，接受人民监督；

（四）忠于职守，勤勉尽责，服从和执行上级依法作出的决定和命令，按照规定的权限和程序履行职责，努力提高工作质量和效率；

（五）保守国家秘密和工作秘密；

（六）带头践行社会主义核心价值观，坚守法治，遵守纪律，恪守职业道德，模范遵守社会公德、家庭美德；

（七）清正廉洁，公道正派；

（八）法律规定的其他义务。

第十五条 公务员享有下列权利：

（一）获得履行职责应当具有的工作条件；

（二）非因法定事由、非经法定程序，不被免职、降职、辞退或者处分；

（三）获得工资报酬，享受福利、保险待遇；

（四）参加培训；

（五）对机关工作和领导人员提出批评和建议；

（六）提出申诉和控告；

（七）申请辞职；

（八）法律规定的其他权利。

第三章 职务、职级与级别

第十六条 国家实行公务员职位分类制度。

公务员职位类别按照公务员职位的性质、特点和管理需要，划分为综合管理类、专业技术类和行政执法类等类别。根据本法，对于具有职位特殊性，需要单独管理的，可以增设其他职位类别。各职位类别的适用范围由国家另行规定。

第十七条 国家实行公务员职务与职级并行制度，根据公务员职位类别和职责设置公务员领导职务、职级序列。

第十八条 公务员领导职务根据宪法、有关法律和机构规格设置。

领导职务层次分为：国家级正职、国家级副职、省部级正职、省部级副职、厅局级正职、厅局级副职、县处级正职、县处级副职、乡科级正职、乡科级副职。

第十九条 公务员职级在厅局级以下设置。

综合管理类公务员职级序列分为：一级巡视员、二级巡视员、一级调研员、二级调研员、三级调研员、四级调研员、一级主任科员、二级主任科员、三级主任科员、四级主任科员、一级科员、二级科员。

综合管理类以外其他职位类别公务员的职级序列，根据本法由国家另行规定。

第二十条 各机关依照确定的职能、规格、编制限额、职数以及结构比例，设置本机关公务员的具体职位，并确定各职位的工作职责和任职资格条件。

第二十一条 公务员的领导职务、职级应当对应相应的级别。公务员领导职务、职级与级别的对应关系，由国家规定。

根据工作需要和领导职务与职级的对应关系，公务员担任的领导职务和职级可以互相转任、兼任；符合规定资格条件的，可以晋升领导职务或者职级。

公务员的级别根据所任领导职务、职级及其德才表现、工作实绩和资历确定。公务员在同一领导职务、职级上，可以按照国家规定晋升级别。

公务员的领导职务、职级与级别是确定公务员工资以及其他待遇的依据。

第二十二条 国家根据人民警察、消防救援人员以及海关、驻外外交机构等公务员的工作特点，设置与其领导职务、职级相对应的衔级。

第四章 录 用

第二十三条 录用担任一级主任科员以下及其他相当职级层次的公务员，采取公开考试、严格考察、平等竞争、择优录取的办法。

民族自治地方依照前款规定录用公务员时，依照法律和有关规定对少数民族报考者予以适当照顾。

第二十四条 中央机关及其直属机构公务员的录用，由中央公务员主管部门负责组织。地方各级机关公务员的录用，由省级公务员主管部门负责组织，必要时省级公务员主管部门可以授权设区的市级公务员主管部门组织。

第二十五条 报考公务员，除应当具备本法第十三条规定的条件以外，还应当具备省级以上公务员主管部门规定的拟任职位所要求的资格条件。

国家对行政机关中初次从事行政处罚决定审核、行政复议、行政裁决、法律顾问的公务员实行统一法律职业资格考试制度，由国务院司法行政部门商有关部门组织实施。

第二十六条 下列人员不得录用为公务员：

（一）因犯罪受过刑事处罚的；

（二）被开除中国共产党党籍的；

（三）被开除公职的；

（四）被依法列为失信联合惩戒对象的；

（五）有法律规定不得录用为公务员的其他情形的。

第二十七条 录用公务员，应当在规定的编制限额内，并有相应的职位空缺。

第二十八条 录用公务员，应当发布招考公告。招考公告应当载明招考的职位、名额、报考资格条件、报考需要提交的申请材料以及其他报考须知事项。

招录机关应当采取措施，便利公民报考。

第二十九条 招录机关根据报考资格条件对报考申请进行审查。报考者提交的申请材料应当真实、准确。

第三十条 公务员录用考试采取笔试和面试等方式进行，考试内容根据公务员应当具备的基本能力和不同职位类别、不同层级机关分别设置。

第三十一条 招录机关根据考试成绩确定考察人选，并进行报考资格复审、考察和体检。

体检的项目和标准根据职位要求确定。具体办法由中央公务员主管部门会同国务院卫生健康行政部门规定。

第三十二条 招录机关根据考试成绩、考察情况和体检结果，提出拟录用人员名单，并予以公示。公示期不少于五个工作日。

公示期满，中央一级招录机关应当将拟录用人员名单报中央公务员主管部门备案；地方各级招录机关应当将拟录用人员名单报省级或者设区的市级公务员主管部门审批。

第三十三条 录用特殊职位的公务员，经省级以上公务员主管部门批准，可以简化程序或者采用其他测评办法。

第三十四条 新录用的公务员试用期为一年。试用期满合格的，予以任职；不合格的，取消录用。

第五章 考 核

第三十五条 公务员的考核应当按照管理权限，全面考核公务员的德、能、勤、绩、廉，重点考核政治素质和工作实绩。考核指标根据不同职位类别、不同层级机关分别设置。

第三十六条 公务员的考核分为平时考核、专项考核和定期考核等方式。定期考核以平时考核、专项考核为基础。

第三十七条 非领导成员公务员的定期考核采取年度考核的方式。先由个人按照职位职责和有关要求进行总结，主管领导在听取群众意见后，提出考核等次建议，由本机关负责人或者授权的考核委员会确定考核等次。

领导成员的考核由主管机关按照有关规定办理。

第三十八条 定期考核的结果分为优秀、称职、基本称职和不称职四个等次。

定期考核的结果应当以书面形式通知公务员本人。

第三十九条 定期考核的结果作为调整公务员职位、职务、职级、级别、工资以及公务员奖励、培训、辞退的依据。

第六章　职务、职级任免

第四十条　公务员领导职务实行选任制、委任制和聘任制。公务员职级实行委任制和聘任制。

领导成员职务按照国家规定实行任期制。

第四十一条　选任制公务员在选举结果生效时即任当选职务；任期届满不再连任或者任期内辞职、被罢免、被撤职的，其所任职务即终止。

第四十二条　委任制公务员试用期满考核合格，职务、职级发生变化，以及其他情形需要任免职务、职级的，应当按照管理权限和规定的程序任免。

第四十三条　公务员任职应当在规定的编制限额和职数内进行，并有相应的职位空缺。

第四十四条　公务员因工作需要在机关外兼职，应当经有关机关批准，并不得领取兼职报酬。

第七章　职务、职级升降

第四十五条　公务员晋升领导职务，应当具备拟任职务所要求的政治素质、工作能力、文化程度和任职经历等方面的条件和资格。

公务员领导职务应当逐级晋升。特别优秀的或者工作特殊需要的，可以按照规定破格或者越级晋升。

第四十六条　公务员晋升领导职务，按照下列程序办理：

（一）动议；

（二）民主推荐；

（三）确定考察对象，组织考察；

（四）按照管理权限讨论决定；

（五）履行任职手续。

第四十七条 厅局级正职以下领导职务出现空缺且本机关没有合适人选的，可以通过适当方式面向社会选拔任职人选。

第四十八条 公务员晋升领导职务的，应当按照有关规定实行任职前公示制度和任职试用期制度。

第四十九条 公务员职级应当逐级晋升，根据个人德才表现、工作实绩和任职资历，参考民主推荐或者民主测评结果确定人选，经公示后，按照管理权限审批。

第五十条 公务员的职务、职级实行能上能下。对不适宜或者不胜任现任职务、职级的，应当进行调整。

公务员在年度考核中被确定为不称职的，按照规定程序降低一个职务或者职级层次任职。

第八章 奖 励

第五十一条 对工作表现突出，有显著成绩和贡献，或者有其他突出事迹的公务员或者公务员集体，给予奖励。奖励坚持定期奖励与及时奖励相结合，精神奖励与物质奖励相结合、以精神奖励为主的原则。

公务员集体的奖励适用于按照编制序列设置的机构或者为完成专项任务组成的工作集体。

第五十二条 公务员或者公务员集体有下列情形之一的，给予奖励：

（一）忠于职守，积极工作，勇于担当，工作实绩显著的；

（二）遵纪守法，廉洁奉公，作风正派，办事公道，模范作用突出的；

（三）在工作中有发明创造或者提出合理化建议，取得显著经济效益或者社会效益的；

（四）为增进民族团结，维护社会稳定做出突出贡献的；

（五）爱护公共财产，节约国家资财有突出成绩的；

（六）防止或者消除事故有功，使国家和人民群众利益免受或者减少损失的；

（七）在抢险、救灾等特定环境中做出突出贡献的；

（八）同违纪违法行为作斗争有功绩的；

（九）在对外交往中为国家争得荣誉和利益的；

（十）有其他突出功绩的。

第五十三条 奖励分为：嘉奖、记三等功、记二等功、记一等功、授予称号。

对受奖励的公务员或者公务员集体予以表彰，并对受奖励的个人给予一次性奖金或者其他待遇。

第五十四条 给予公务员或者公务员集体奖励，按照规定的权限和程序决定或者审批。

第五十五条 按照国家规定，可以向参与特定时期、特定领域重大工作的公务员颁发纪念证书或者纪念章。

第五十六条 公务员或者公务员集体有下列情形之一的，撤销奖励：

（一）弄虚作假，骗取奖励的；

（二）申报奖励时隐瞒严重错误或者严重违反规定程序的；

（三）有严重违纪违法等行为，影响称号声誉的；

（四）有法律、法规规定应当撤销奖励的其他情形的。

第九章　监督与惩戒

第五十七条 机关应当对公务员的思想政治、履行职责、作风表现、遵纪守法等情况进行监督，开展勤政廉政教育，建立日常管理监督制度。

对公务员监督发现问题的，应当区分不同情况，予以谈话提醒、批评教育、责令检查、诫勉、组织调整、处分。

对公务员涉嫌职务违法和职务犯罪的，应当依法移送监察机关处理。

第五十八条 公务员应当自觉接受监督，按照规定请示报告工作、报告个人有关事项。

第五十九条 公务员应当遵纪守法，不得有下列行为：

（一）散布有损宪法权威、中国共产党和国家声誉的言论，组织或者参加旨在反对宪法、中国共产党领导和国家的集会、游行、示威等活动；

（二）组织或者参加非法组织，组织或者参加罢工；

（三）挑拨、破坏民族关系，参加民族分裂活动或者组织、利用宗教活动破坏民族团结和社会稳定；

（四）不担当，不作为，玩忽职守，贻误工作；

（五）拒绝执行上级依法作出的决定和命令；

（六）对批评、申诉、控告、检举进行压制或者打击报复；

（七）弄虚作假，误导、欺骗领导和公众；

（八）贪污贿赂，利用职务之便为自己或者他人谋取私利；

（九）违反财经纪律，浪费国家资财；

（十）滥用职权，侵害公民、法人或者其他组织的合法权益；

（十一）泄露国家秘密或者工作秘密；

（十二）在对外交往中损害国家荣誉和利益；

（十三）参与或者支持色情、吸毒、赌博、迷信等活动；

（十四）违反职业道德、社会公德和家庭美德；

（十五）违反有关规定参与禁止的网络传播行为或者网络活动；

（十六）违反有关规定从事或者参与营利性活动，在企业或者其他营利性组织中兼任职务；

（十七）旷工或者因公外出、请假期满无正当理由逾期不归；

（十八）违纪违法的其他行为。

第六十条 公务员执行公务时，认为上级的决定或者命令有错误的，可以向上级提出改正或者撤销该决定或者命令的意见；

上级不改变该决定或者命令，或者要求立即执行的，公务员应当执行该决定或者命令，执行的后果由上级负责，公务员不承担责任；但是，公务员执行明显违法的决定或者命令的，应当依法承担相应的责任。

第六十一条 公务员因违纪违法应当承担纪律责任的，依照本法给予处分或者由监察机关依法给予政务处分；违纪违法行为情节轻微，经批评教育后改正的，可以免予处分。

对同一违纪违法行为，监察机关已经作出政务处分决定的，公务员所在机关不再给予处分。

第六十二条 处分分为：警告、记过、记大过、降级、撤职、开除。

第六十三条 对公务员的处分，应当事实清楚、证据确凿、定性准确、处理恰当、程序合法、手续完备。

公务员违纪违法的，应当由处分决定机关决定对公务员违纪违法的情况进行调查，并将调查认定的事实以及拟给予处分的依据告知公务员本人。公务员有权进行陈述和申辩；处分决定机关不得因公务员申辩而加重处分。

处分决定机关认为对公务员应当给予处分的，应当在规定的期限内，按照管理权限和规定的程序作出处分决定。处分决定应当以书面形式通知公务员本人。

第六十四条 公务员在受处分期间不得晋升职务、职级和级别，其中受记过、记大过、降级、撤职处分的，不得晋升工资档次。

受处分的期间为：警告，六个月；记过，十二个月；记大过，十八个月；降级、撤职，二十四个月。

受撤职处分的，按照规定降低级别。

第六十五条 公务员受开除以外的处分，在受处分期间有悔改表现，并且没有再发生违纪违法行为的，处分期满后自动解除。

解除处分后，晋升工资档次、级别和职务、职级不再受原处分的影响。但是，解除降级、撤职处分的，不视为恢复原级别、原职务、原职级。

第十章　培　训

第六十六条　机关根据公务员工作职责的要求和提高公务员素质的需要，对公务员进行分类分级培训。

国家建立专门的公务员培训机构。机关根据需要也可以委托其他培训机构承担公务员培训任务。

第六十七条　机关对新录用人员应当在试用期内进行初任培训；对晋升领导职务的公务员应当在任职前或者任职后一年内进行任职培训；对从事专项工作的公务员应当进行专门业务培训；对全体公务员应当进行提高政治素质和工作能力、更新知识的在职培训，其中对专业技术类公务员应当进行专业技术培训。

国家有计划地加强对优秀年轻公务员的培训。

第六十八条　公务员的培训实行登记管理。

公务员参加培训的时间由公务员主管部门按照本法第六十七条规定的培训要求予以确定。

公务员培训情况、学习成绩作为公务员考核的内容和任职、晋升的依据之一。

第十一章　交流与回避

第六十九条　国家实行公务员交流制度。

公务员可以在公务员和参照本法管理的工作人员队伍内部交流，也可以与国有企业和不参照本法管理的事业单位中从事公务的人员交流。

交流的方式包括调任、转任。

第七十条　国有企业、高等院校和科研院所以及其他不参照本法管理的事业单位中从事公务的人员，可以调入机关担任领导职务或者四级调研员以上及其他相当层次的职级。

调任人选应当具备本法第十三条规定的条件和拟任职位所要求的资格条件，并不得有本法第二十六条规定的情形。调任机关应当根据上述规定，对调任人选进行严格考察，并按照管理权限审批，必要时可以对调任人选进行考试。

第七十一条 公务员在不同职位之间转任应当具备拟任职位所要求的资格条件，在规定的编制限额和职数内进行。

对省部级正职以下的领导成员应当有计划、有重点地实行跨地区、跨部门转任。

对担任机关内设机构领导职务和其他工作性质特殊的公务员，应当有计划地在本机关内转任。

上级机关应当注重从基层机关公开遴选公务员。

第七十二条 根据工作需要，机关可以采取挂职方式选派公务员承担重大工程、重大项目、重点任务或者其他专项工作。

公务员在挂职期间，不改变与原机关的人事关系。

第七十三条 公务员应当服从机关的交流决定。

公务员本人申请交流的，按照管理权限审批。

第七十四条 公务员之间有夫妻关系、直系血亲关系、三代以内旁系血亲关系以及近姻亲关系的，不得在同一机关双方直接隶属于同一领导人员的职位或者有直接上下级领导关系的职位工作，也不得在其中一方担任领导职务的机关从事组织、人事、纪检、监察、审计和财务工作。

公务员不得在其配偶、子女及其配偶经营的企业、营利性组织的行业监管或者主管部门担任领导成员。

因地域或者工作性质特殊，需要变通执行任职回避的，由省级以上公务员主管部门规定。

第七十五条 公务员担任乡级机关、县级机关、设区的市级机关及其有关部门主要领导职务的，应当按照有关规定实行地域回避。

第七十六条 公务员执行公务时，有下列情形之一的，应当回避：

（一）涉及本人利害关系的；

（二）涉及与本人有本法第七十四条第一款所列亲属关系人员的利害关系的；

（三）其他可能影响公正执行公务的。

第七十七条 公务员有应当回避情形的，本人应当申请回避；利害关系人有权申请公务员回避。其他人员可以向机关提供公务员需要回避的情况。

机关根据公务员本人或者利害关系人的申请，经审查后作出是否回避的决定，也可以不经申请直接作出回避决定。

第七十八条 法律对公务员回避另有规定的，从其规定。

第十二章 工资、福利与保险

第七十九条 公务员实行国家统一规定的工资制度。

公务员工资制度贯彻按劳分配的原则，体现工作职责、工作能力、工作实绩、资历等因素，保持不同领导职务、职级、级别之间的合理工资差距。

国家建立公务员工资的正常增长机制。

第八十条 公务员工资包括基本工资、津贴、补贴和奖金。

公务员按照国家规定享受地区附加津贴、艰苦边远地区津贴、岗位津贴等津贴。

公务员按照国家规定享受住房、医疗等补贴、补助。

公务员在定期考核中被确定为优秀、称职的，按照国家规定享受年终奖金。

公务员工资应当按时足额发放。

第八十一条 公务员的工资水平应当与国民经济发展相协调、与社会进步相适应。

国家实行工资调查制度，定期进行公务员和企业相当人员工资水平的调查比较，并将工资调查比较结果作为调整公务员工资水平的依据。

第八十二条　公务员按照国家规定享受福利待遇。国家根据经济社会发展水平提高公务员的福利待遇。

公务员执行国家规定的工时制度，按照国家规定享受休假。公务员在法定工作日之外加班的，应当给予相应的补休，不能补休的按照国家规定给予补助。

第八十三条　公务员依法参加社会保险，按照国家规定享受保险待遇。

公务员因公牺牲或者病故的，其亲属享受国家规定的抚恤和优待。

第八十四条　任何机关不得违反国家规定自行更改公务员工资、福利、保险政策，擅自提高或者降低公务员的工资、福利、保险待遇。任何机关不得扣减或者拖欠公务员的工资。

第十三章　辞职与辞退

第八十五条　公务员辞去公职，应当向任免机关提出书面申请。任免机关应当自接到申请之日起三十日内予以审批，其中对领导成员辞去公职的申请，应当自接到申请之日起九十日内予以审批。

第八十六条　公务员有下列情形之一的，不得辞去公职：

（一）未满国家规定的最低服务年限的；

（二）在涉及国家秘密等特殊职位任职或者离开上述职位不满国家规定的脱密期限的；

（三）重要公务尚未处理完毕，且须由本人继续处理的；

（四）正在接受审计、纪律审查、监察调查，或者涉嫌犯罪，司法程序尚未终结的；

（五）法律、行政法规规定的其他不得辞去公职的情形。

第八十七条　担任领导职务的公务员，因工作变动依照法律规定需要辞去现任职务的，应当履行辞职手续。

担任领导职务的公务员，因个人或者其他原因，可以自愿提出辞去领导职务。

领导成员因工作严重失误、失职造成重大损失或者恶劣社会影响的，或者对重大事故负有领导责任的，应当引咎辞去领导职务。

领导成员因其他原因不再适合担任现任领导职务的，或者应当引咎辞职本人不提出辞职的，应当责令其辞去领导职务。

第八十八条 公务员有下列情形之一的，予以辞退：

（一）在年度考核中，连续两年被确定为不称职的；

（二）不胜任现职工作，又不接受其他安排的；

（三）因所在机关调整、撤销、合并或者缩减编制员额需要调整工作，本人拒绝合理安排的；

（四）不履行公务员义务，不遵守法律和公务员纪律，经教育仍无转变，不适合继续在机关工作，又不宜给予开除处分的；

（五）旷工或者因公外出、请假期满无正当理由逾期不归连续超过十五天，或者一年内累计超过三十天的。

第八十九条 对有下列情形之一的公务员，不得辞退：

（一）因公致残，被确认丧失或者部分丧失工作能力的；

（二）患病或者负伤，在规定的医疗期内的；

（三）女性公务员在孕期、产假、哺乳期内的；

（四）法律、行政法规规定的其他不得辞退的情形。

第九十条 辞退公务员，按照管理权限决定。辞退决定应当以书面形式通知被辞退的公务员，并应当告知辞退依据和理由。

被辞退的公务员，可以领取辞退费或者根据国家有关规定享受失业保险。

第九十一条 公务员辞职或者被辞退，离职前应当办理公务交接手续，必要时按照规定接受审计。

第十四章　退　休

第九十二条　公务员达到国家规定的退休年龄或者完全丧失工作能力的，应当退休。

第九十三条　公务员符合下列条件之一的，本人自愿提出申请，经任免机关批准，可以提前退休：

（一）工作年限满三十年的；

（二）距国家规定的退休年龄不足五年，且工作年限满二十年的；

（三）符合国家规定的可以提前退休的其他情形的。

第九十四条　公务员退休后，享受国家规定的养老金和其他待遇，国家为其生活和健康提供必要的服务和帮助，鼓励发挥个人专长，参与社会发展。

第十五章　申诉与控告

第九十五条　公务员对涉及本人的下列人事处理不服的，可以自知道该人事处理之日起三十日内向原处理机关申请复核；对复核结果不服的，可以自接到复核决定之日起十五日内，按照规定向同级公务员主管部门或者作出该人事处理的机关的上一级机关提出申诉；也可以不经复核，自知道该人事处理之日起三十日内直接提出申诉：

（一）处分；

（二）辞退或者取消录用；

（三）降职；

（四）定期考核定为不称职；

（五）免职；

（六）申请辞职、提前退休未予批准；

（七）不按照规定确定或者扣减工资、福利、保险待遇；

（八）法律、法规规定可以申诉的其他情形。

对省级以下机关作出的申诉处理决定不服的，可以向作出处理决定的上一级机关提出再申诉。

受理公务员申诉的机关应当组成公务员申诉公正委员会，负责受理和审理公务员的申诉案件。

公务员对监察机关作出的涉及本人的处理决定不服向监察机关申请复审、复核的，按照有关规定办理。

第九十六条 原处理机关应当自接到复核申请书后的三十日内作出复核决定，并以书面形式告知申请人。受理公务员申诉的机关应当自受理之日起六十日内作出处理决定；案情复杂的，可以适当延长，但是延长时间不得超过三十日。

复核、申诉期间不停止人事处理的执行。

公务员不因申请复核、提出申诉而被加重处理。

第九十七条 公务员申诉的受理机关审查认定人事处理有错误的，原处理机关应当及时予以纠正。

第九十八条 公务员认为机关及其领导人员侵犯其合法权益的，可以依法向上级机关或者监察机关提出控告。受理控告的机关应当按照规定及时处理。

第九十九条 公务员提出申诉、控告，应当尊重事实，不得捏造事实，诬告、陷害他人。对捏造事实，诬告、陷害他人的，依法追究法律责任。

第十六章　职位聘任

第一百条 机关根据工作需要，经省级以上公务员主管部门批准，可以对专业性较强的职位和辅助性职位实行聘任制。

前款所列职位涉及国家秘密的，不实行聘任制。

第一百零一条 机关聘任公务员可以参照公务员考试录用的程序进行公开招聘，也可以从符合条件的人员中直接选聘。

机关聘任公务员应当在规定的编制限额和工资经费限额内进行。

第一百零二条 机关聘任公务员，应当按照平等自愿、协商一致的原则，签订书面的聘任合同，确定机关与所聘公务员双方的权利、义务。聘任合同经双方协商一致可以变更或者解除。

聘任合同的签订、变更或者解除，应当报同级公务员主管部门备案。

第一百零三条 聘任合同应当具备合同期限，职位及其职责要求，工资、福利、保险待遇，违约责任等条款。

聘任合同期限为一年至五年。聘任合同可以约定试用期，试用期为一个月至十二个月。

聘任制公务员实行协议工资制，具体办法由中央公务员主管部门规定。

第一百零四条 机关依据本法和聘任合同对所聘公务员进行管理。

第一百零五条 聘任制公务员与所在机关之间因履行聘任合同发生争议的，可以自争议发生之日起六十日内申请仲裁。

省级以上公务员主管部门根据需要设立人事争议仲裁委员会，受理仲裁申请。人事争议仲裁委员会由公务员主管部门的代表、聘用机关的代表、聘任制公务员的代表以及法律专家组成。

当事人对仲裁裁决不服的，可以自接到仲裁裁决书之日起十五日内向人民法院提起诉讼。仲裁裁决生效后，一方当事人不履行的，另一方当事人可以申请人民法院执行。

第十七章 法律责任

第一百零六条 对有下列违反本法规定情形的，由县级以上领导机关或者公务员主管部门按照管理权限，区别不同情况，分别予以责令纠正或者宣布无效；对负有责任的领导人员和直接责任人员，根据情节轻重，给予批评教育、责令检查、诫勉、组织调整、处分；构成犯罪的，依法追究刑事责任：

（一）不按照编制限额、职数或者任职资格条件进行公务员录用、调任、转任、聘任和晋升的；

（二）不按照规定条件进行公务员奖惩、回避和办理退休的；

（三）不按照规定程序进行公务员录用、调任、转任、聘任、晋升以及考核、奖惩的；

（四）违反国家规定，更改公务员工资、福利、保险待遇标准的；

（五）在录用、公开遴选等工作中发生泄露试题、违反考场纪律以及其他严重影响公开、公正行为的；

（六）不按照规定受理和处理公务员申诉、控告的；

（七）违反本法规定的其他情形的。

第一百零七条 公务员辞去公职或者退休的，原系领导成员、县处级以上领导职务的公务员在离职三年内，其他公务员在离职两年内，不得到与原工作业务直接相关的企业或者其他营利性组织任职，不得从事与原工作业务直接相关的营利性活动。

公务员辞去公职或者退休后有违反前款规定行为的，由其原所在机关的同级公务员主管部门责令限期改正；逾期不改正的，由县级以上市场监管部门没收该人员从业期间的违法所得，责令接收单位将该人员予以清退，并根据情节轻重，对接收单位处以被处罚人员违法所得一倍以上五倍以下的罚款。

第一百零八条 公务员主管部门的工作人员，违反本法规定，滥用职权、玩忽职守、徇私舞弊，构成犯罪的，依法追究刑事责任；尚不构成犯罪的，给予处分或者由监察机关依法给予政务处分。

第一百零九条 在公务员录用、聘任等工作中，有隐瞒真实信息、弄虚作假、考试作弊、扰乱考试秩序等行为的，由公务员主管部门根据情节作出考试成绩无效、取消资格、限制报考等处理；情节严重的，依法追究法律责任。

第一百一十条 机关因错误的人事处理对公务员造成名誉损

害的，应当赔礼道歉、恢复名誉、消除影响；造成经济损失的，应当依法给予赔偿。

第十八章　附　则

第一百一十一条　本法所称领导成员，是指机关的领导人员，不包括机关内设机构担任领导职务的人员。

第一百一十二条　法律、法规授权的具有公共事务管理职能的事业单位中除工勤人员以外的工作人员，经批准参照本法进行管理。

第一百一十三条　本法自 2019 年 6 月 1 日起施行。

(二) 行政法规

失业保险条例

(1999年1月22日　国务院令第258号)

第一章　总　则

第一条　为了保障失业人员失业期间的基本生活，促进其再就业，制定本条例。

第二条　城镇企业事业单位、城镇企业事业单位职工依照本条例的规定，缴纳失业保险费。

城镇企业事业单位失业人员依照本条例的规定，享受失业保险待遇。

本条所称城镇企业，是指国有企业、城镇集体企业、外商投资企业、城镇私营企业以及其他城镇企业。

第三条　国务院劳动保障行政部门主管全国的失业保险工作。县级以上地方各级人民政府劳动保障行政部门主管本行政区域内的失业保险工作。劳动保障行政部门按照国务院规定设立的经办失业保险业务的社会保险经办机构依照本条例的规定，具体承办失业保险工作。

第四条　失业保险费按照国家有关规定征缴。

第二章　失业保险基金

第五条　失业保险基金由下列各项构成：

(一) 城镇企业事业单位、城镇企业事业单位职工缴纳的失业保险费；

(二) 失业保险基金的利息；

（三）财政补贴；

（四）依法纳入失业保险基金的其他资金。

第六条 城镇企业事业单位按照本单位工资总额的百分之二缴纳失业保险费。城镇企业事业单位职工按照本人工资的百分之一缴纳失业保险费。城镇企业事业单位招用的农民合同制工人本人不缴纳失业保险费。

第七条 失业保险基金在直辖市和设区的市实行全市统筹；其他地区的统筹层次由省、自治区人民政府规定。

第八条 省、自治区可以建立失业保险调剂金。

失业保险调剂金以统筹地区依法应当征收的失业保险费为基数，按照省、自治区人民政府规定的比例筹集。

统筹地区的失业保险基金不敷使用时，由失业保险调剂金调剂、地方财政补贴。

失业保险调剂金的筹集、调剂使用以及地方财政补贴的具体办法，由省、自治区人民政府规定。

第九条 省、自治区、直辖市人民政府根据本行政区域失业人员数量和失业保险基金数额，报经国务院批准，可以适当调整本行政区域失业保险费的费率。

第十条 失业保险基金用于下列支出：

（一）失业保险金；

（二）领取失业保险金期间的医疗补助金；

（三）领取失业保险金期间死亡的失业人员的丧葬补助金和其供养的配偶、直系亲属的抚恤金；

（四）领取失业保险金期间接受职业培训、职业介绍的补贴，补贴的办法和标准由省、自治区、直辖市人民政府规定；

（五）国务院规定或者批准的与失业保险有关的其他费用。

第十一条 失业保险基金必须存入财政部门在国有商业银行开设的社会保障基金财政专户，实行收支两条线管理，由财政部门依法进行监督。

存入银行和按照国家规定购买国债的失业保险基金，分别按照城乡居民同期存款利率和国债利息计息。失业保险基金的利息并入失业保险基金。

失业保险基金专款专用，不得挪作他用，不得用于平衡财政收支。

第十二条 失业保险基金收支的预算、决算，由统筹地区社会保险经办机构编制，经同级劳动保障行政部门复核、同级财政部门审核，报同级人民政府审批。

第十三条 失业保险基金的财务制度和会计制度按照国家有关规定执行。

第三章 失业保险待遇

第十四条 具备下列条件的失业人员，可以领取失业保险金：

（一）按照规定参加失业保险，所在单位和本人已按照规定履行缴费义务满1年的；

（二）非因本人意愿中断就业的；

（三）已办理失业登记，并有求职要求的。

失业人员在领取失业保险金期间，按照规定同时享受其他失业保险待遇。

第十五条 失业人员在领取失业保险金期间有下列情形之一的，停止领取失业保险金，并同时停止享受其他失业保险待遇：

（一）重新就业的；

（二）应征服兵役的；

（三）移居境外的；

（四）享受基本养老保险待遇的；

（五）被判刑收监执行或者被劳动教养的；

（六）无正当理由，拒不接受当地人民政府指定的部门或者机构介绍的工作的；

（七）有法律、行政法规规定的其他情形的。

第十六条 城镇企业事业单位应当及时为失业人员出具终止或者解除劳动关系的证明，告知其按照规定享受失业保险待遇的权利，并将失业人员的名单自终止或者解除劳动关系之日起7日内报社会保险经办机构备案。

城镇企业事业单位职工失业后，应当持本单位为其出具的终止或者解除劳动关系的证明，及时到指定的社会保险经办机构办理失业登记。失业保险金自办理失业登记之日起计算。

失业保险金由社会保险经办机构按月发放。社会保险经办机构为失业人员开具领取失业保险金的单证，失业人员凭单证到指定银行领取失业保险金。

第十七条 失业人员失业前所在单位和本人按照规定累计缴费时间满1年不足5年的，领取失业保险金的期限最长为12个月；累计缴费时间满5年不足10年的，领取失业保险金的期限最长为18个月；累计缴费时间10年以上的，领取失业保险金的期限最长为24个月。重新就业后，再次失业的，缴费时间重新计算，领取失业保险金的期限可以与前次失业应领取而尚未领取的失业保险金的期限合并计算，但是最长不得超过24个月。

第十八条 失业保险金的标准，按照低于当地最低工资标准、高于城市居民最低生活保障标准的水平，由省、自治区、直辖市人民政府确定。

第十九条 失业人员在领取失业保险金期间患病就医的，可以按照规定向社会保险经办机构申请领取医疗补助金。医疗补助金的标准由省、自治区、直辖市人民政府规定。

第二十条 失业人员在领取失业保险金期间死亡的，参照当地对在职职工的规定，对其家属一次性发给丧葬补助金和抚恤金。

第二十一条 单位招用的农民合同制工人连续工作满1年，本单位并已缴纳失业保险费，劳动合同期满未续订或者提前解除劳动合同的，由社会保险经办机构根据其工作时间长短，对其支付一次性生活补助。补助的办法和标准由省、自治区、直辖市人民政府规定。

第二十二条 城镇企业事业单位成建制跨统筹地区转移，失业人员跨统筹地区流动的，失业保险关系随之转迁。

第二十三条 失业人员符合城市居民最低生活保障条件的，按照规定享受城市居民最低生活保障待遇。

第四章 管理和监督

第二十四条 劳动保障行政部门管理失业保险工作，履行下列职责：

（一）贯彻实施失业保险法律、法规；

（二）指导社会保险经办机构的工作；

（三）对失业保险费的征收和失业保险待遇的支付进行监督检查。

第二十五条 社会保险经办机构具体承办失业保险工作，履行下列职责：

（一）负责失业人员的登记、调查、统计；

（二）按照规定负责失业保险基金的管理；

（三）按照规定核定失业保险待遇，开具失业人员在指定银行领取失业保险金和其他补助金的单证；

（四）拨付失业人员职业培训、职业介绍补贴费用；

（五）为失业人员提供免费咨询服务；

（六）国家规定由其履行的其他职责。

第二十六条 财政部门和审计部门依法对失业保险基金的收支、管理情况进行监督。

第二十七条 社会保险经办机构所需经费列入预算，由财政拨付。

第五章 罚 则

第二十八条 不符合享受失业保险待遇条件，骗取失业保险金和其他失业保险待遇的，由社会保险经办机构责令退还；情节严重的，由劳动保障行政部门处骗取金额1倍以上3倍以下的罚款。

第二十九条 社会保险经办机构工作人员违反规定向失业人员开具领取失业保险金或者享受其他失业保险待遇单证，致使失业保险基金损失的，由劳动保障行政部门责令追回；情节严重的，依法给予行政处分。

第三十条 劳动保障行政部门和社会保险经办机构的工作人员滥用职权、徇私舞弊、玩忽职守，造成失业保险基金损失的，由劳动保障行政部门追回损失的失业保险基金；构成犯罪的，依法追究刑事责任；尚不构成犯罪的，依法给予行政处分。

第三十一条 任何单位、个人挪用失业保险基金的，追回挪用的失业保险基金；有违法所得的，没收违法所得，并入失业保险基金；构成犯罪的，依法追究刑事责任；尚不构成犯罪的，对直接负责的主管人员和其他直接责任人员依法给予行政处分。

第六章 附 则

第三十二条 省、自治区、直辖市人民政府根据当地实际情况，可以决定本条例适用于本行政区域内的社会团体及其专职人员、民办非企业单位及其职工、有雇工的城镇个体工商户及其雇工。

第三十三条 本条例自发布之日起施行。1993年4月12日国务院发布的《国有企业职工待业保险规定》同时废止。

社会保险费征缴暂行条例

（1999年1月22日　国务院令第259号）

第一章　总　则

第一条　为了加强和规范社会保险费征缴工作，保障社会保险金的发放，制定本条例。

第二条　基本养老保险费、基本医疗保险费、失业保险费（以下统称社会保险费）的征收、缴纳，适用本条例。

本条例所称缴费单位、缴费个人，是指依照有关法律、行政法规和国务院的规定，应当缴纳社会保险费的单位和个人。

第三条　基本养老保险费的征缴范围：国有企业、城镇集体企业、外商投资企业、城镇私营企业和其他城镇企业及其职工，实行企业化管理的事业单位及其职工。

基本医疗保险费的征缴范围：国有企业、城镇集体企业、外商投资企业、城镇私营企业和其他城镇企业及其职工，国家机关及其工作人员，事业单位及其职工，民办非企业单位及其职工，社会团体及其专职人员。

失业保险费的征缴范围：国有企业、城镇集体企业、外商投资企业、城镇私营企业和其他城镇企业及其职工，事业单位及其职工。

省、自治区、直辖市人民政府根据当地实际情况，可以规定将城镇个体工商户纳入基本养老保险、基本医疗保险的范围，并可以规定将社会团体及其专职人员、民办非企业单位及其职工以及有雇工的城镇个体工商户及其雇工纳入失业保险的范围。

社会保险费的费基、费率依照有关法律、行政法规和国务院的规定执行。

第四条 缴费单位、缴费个人应当按时足额缴纳社会保险费。

征缴的社会保险费纳入社会保险基金，专款专用，任何单位和个人不得挪用。

第五条 国务院劳动保障行政部门负责全国的社会保险费征缴管理和监督检查工作。县级以上地方各级人民政府劳动保障行政部门负责本行政区域内的社会保险费征缴管理和监督检查工作。

第六条 社会保险费实行三项社会保险费集中、统一征收。社会保险费的征收机构由省、自治区、直辖市人民政府规定，可以由税务机关征收，也可以由劳动保障行政部门按照国务院规定设立的社会保险经办机构（以下简称社会保险经办机构）征收。

第二章 征缴管理

第七条 缴费单位必须向当地社会保险经办机构办理社会保险登记，参加社会保险。

登记事项包括：单位名称、住所、经营地点、单位类型、法定代表人或者负责人、开户银行账号以及国务院劳动保障行政部门规定的其他事项。

第八条 企业在办理登记注册时，同步办理社会保险登记。

前款规定以外的缴费单位应当自成立之日起 30 日内，向当地社会保险经办机构申请办理社会保险登记。

第九条 缴费单位的社会保险登记事项发生变更或者缴费单位依法终止的，应当自变更或者终止之日起 30 日内，到社会保险经办机构办理变更或者注销社会保险登记手续。

第十条 缴费单位必须按月向社会保险经办机构申报应缴纳的社会保险费数额，经社会保险经办机构核定后，在规定的期限内缴纳社会保险费。

缴费单位不按规定申报应缴纳的社会保险费数额的，由社会保险经办机构暂按该单位上月缴费数额的百分之一百一十确定应缴数额；没有上月缴费数额的，由社会保险经办机构暂按该单位的经营状况、职工人数等有关情况确定应缴数额。缴费单位补办申报手续并按核定数额缴纳社会保险费后，由社会保险经办机构按照规定结算。

第十一条 省、自治区、直辖市人民政府规定由税务机关征收社会保险费的，社会保险经办机构应当及时向税务机关提供缴费单位社会保险登记、变更登记、注销登记以及缴费申报的情况。

第十二条 缴费单位和缴费个人应当以货币形式全额缴纳社会保险费。

缴费个人应当缴纳的社会保险费，由所在单位从其本人工资中代扣代缴。

社会保险费不得减免。

第十三条 缴费单位未按规定缴纳和代扣代缴社会保险费的，由劳动保障行政部门或者税务机关责令限期缴纳；逾期仍不缴纳的，除补缴欠缴数额外，从欠缴之日起，按日加收千分之二的滞纳金。滞纳金并入社会保险基金。

第十四条 征收的社会保险费存入财政部门在国有商业银行开设的社会保障基金财政专户。

社会保险基金按照不同险种的统筹范围，分别建立基本养老保险基金、基本医疗保险基金、失业保险基金。各项社会保险基金分别单独核算。

社会保险基金不计征税、费。

第十五条 省、自治区、直辖市人民政府规定由税务机关征收社会保险费的，税务机关应当及时向社会保险经办机构提供缴费单位和缴费个人的缴费情况；社会保险经办机构应当将有关情况汇总，报劳动保障行政部门。

第十六条 社会保险经办机构应当建立缴费记录，其中基本养老保险、基本医疗保险并应当按照规定记录个人账户。社会保险经办机构负责保存缴费记录，并保证其完整、安全。社会保险经办机构应当至少每年向缴费个人发送一次基本养老保险、基本医疗保险个人账户通知单。

缴费单位、缴费个人有权按照规定查询缴费记录。

第三章 监督检查

第十七条 缴费单位应当每年向本单位职工公布本单位全年社会保险费缴纳情况，接受职工监督。

社会保险经办机构应当定期向社会公告社会保险费征收情况，接受社会监督。

第十八条 按照省、自治区、直辖市人民政府关于社会保险费征缴机构的规定，劳动保障行政部门或者税务机关依法对单位缴费情况进行检查时，被检查的单位应当提供与缴纳社会保险费有关的用人情况、工资表、财务报表等资料，如实反映情况，不得拒绝检查，不得谎报、瞒报。劳动保障行政部门或者税务机关可以记录、录音、录像、照相和复制有关资料；但是，应当为缴费单位保密。

劳动保障行政部门、税务机关的工作人员在行使前款所列职权时，应当出示执行公务证件。

第十九条 劳动保障行政部门或者税务机关调查社会保险费征缴违法案件时，有关部门、单位应当给予支持、协助。

第二十条 社会保险经办机构受劳动保障行政部门的委托，可以进行与社会保险费征缴有关的检查、调查工作。

第二十一条 任何组织和个人对有关社会保险费征缴的违法行为，有权举报。劳动保障行政部门或者税务机关对举报应当及时调查，按照规定处理，并为举报人保密。

第二十二条 社会保险基金实行收支两条线管理，由财政部门依法进行监督。

审计部门依法对社会保险基金的收支情况进行监督。

第四章 罚 则

第二十三条 缴费单位未按照规定办理社会保险登记、变更登记或者注销登记，或者未按照规定申报应缴纳的社会保险费数额的，由劳动保障行政部门责令限期改正；情节严重的，对直接负责的主管人员和其他直接责任人员可以处1000元以上5000元以下的罚款；情节特别严重的，对直接负责的主管人员和其他直接责任人员可以处5000元以上10000元以下的罚款。

第二十四条 缴费单位违反有关财务、会计、统计的法律、行政法规和国家有关规定，伪造、变造、故意毁灭有关账册、材料，或者不设账册，致使社会保险费缴费基数无法确定的，除依照有关法律、行政法规的规定给予行政处罚、纪律处分、刑事处罚外，依照本条例第十条的规定征缴；迟延缴纳的，由劳动保障行政部门或者税务机关依照第十三条的规定决定加收滞纳金，并对直接负责的主管人员和其他直接责任人员处5000元以上20000元以下的罚款。

第二十五条 缴费单位和缴费个人对劳动保障行政部门或者税务机关的处罚决定不服的，可以依法申请复议；对复议决定不服的，可以依法提起诉讼。

第二十六条 缴费单位逾期拒不缴纳社会保险费、滞纳金的，由劳动保障行政部门或者税务机关申请人民法院依法强制征缴。

第二十七条 劳动保障行政部门、社会保险经办机构或者税务机关的工作人员滥用职权、徇私舞弊、玩忽职守，致使社会保险费流失的，由劳动保障行政部门或者税务机关追回流失的社会保险费；构成犯罪的，依法追究刑事责任；尚不构成犯罪的，依法给予行政处分。

第二十八条 任何单位、个人挪用社会保险基金的，追回被挪用的社会保险基金；有违法所得的，没收违法所得，并入社会保险基金；构成犯罪的，依法追究刑事责任；尚不构成犯罪的，对直接负责的主管人员和其他直接责任人员依法给予行政处分。

第五章 附 则

第二十九条 省、自治区、直辖市人民政府根据本地实际情况，可以决定本条例适用于本行政区域内工伤保险费和生育保险费的征收、缴纳。

第三十条 税务机关、社会保险经办机构征收社会保险费，不得从社会保险基金中提取任何费用，所需经费列入预算，由财政拨付。

第三十一条 本条例自发布之日起施行。

（编者注：2019年3月24日国务院令第710号《国务院关于修改部分行政法规的决定》将《社会保险费征缴暂行条例》第八条修改）

工伤保险条例

（2003 年 4 月 27 日中华人民共和国国务院令第 375 号公布　根据 2010 年 12 月 20 日《国务院关于修改〈工伤保险条例〉的决定》修订）

第一章　总　则

第一条　为了保障因工作遭受事故伤害或者患职业病的职工获得医疗救治和经济补偿，促进工伤预防和职业康复，分散用人单位的工伤风险，制定本条例。

第二条　中华人民共和国境内的企业、事业单位、社会团体、民办非企业单位、基金会、律师事务所、会计师事务所等组织和有雇工的个体工商户（以下称用人单位）应当依照本条例规定参加工伤保险，为本单位全部职工或者雇工（以下称职工）缴纳工伤保险费。

中华人民共和国境内的企业、事业单位、社会团体、民办非企业单位、基金会、律师事务所、会计师事务所等组织的职工和个体工商户的雇工，均有依照本条例的规定享受工伤保险待遇的权利。

第三条　工伤保险费的征缴按照《社会保险费征缴暂行条例》关于基本养老保险费、基本医疗保险费、失业保险费的征缴规定执行。

第四条　用人单位应当将参加工伤保险的有关情况在本单位内公示。

用人单位和职工应当遵守有关安全生产和职业病防治的法律

法规，执行安全卫生规程和标准，预防工伤事故发生，避免和减少职业病危害。

职工发生工伤时，用人单位应当采取措施使工伤职工得到及时救治。

第五条 国务院社会保险行政部门负责全国的工伤保险工作。

县级以上地方各级人民政府社会保险行政部门负责本行政区域内的工伤保险工作。

社会保险行政部门按照国务院有关规定设立的社会保险经办机构（以下称经办机构）具体承办工伤保险事务。

第六条 社会保险行政部门等部门制定工伤保险的政策、标准，应当征求工会组织、用人单位代表的意见。

第二章 工伤保险基金

第七条 工伤保险基金由用人单位缴纳的工伤保险费、工伤保险基金的利息和依法纳入工伤保险基金的其他资金构成。

第八条 工伤保险费根据以支定收、收支平衡的原则，确定费率。

国家根据不同行业的工伤风险程度确定行业的差别费率，并根据工伤保险费使用、工伤发生率等情况在每个行业内确定若干费率档次。行业差别费率及行业内费率档次由国务院社会保险行政部门制定，报国务院批准后公布施行。

统筹地区经办机构根据用人单位工伤保险费使用、工伤发生率等情况，适用所属行业内相应的费率档次确定单位缴费费率。

第九条 国务院社会保险行政部门应当定期了解全国各统筹地区工伤保险基金收支情况，及时提出调整行业差别费率及行业内费率档次的方案，报国务院批准后公布施行。

第十条 用人单位应当按时缴纳工伤保险费。职工个人不缴纳工伤保险费。

用人单位缴纳工伤保险费的数额为本单位职工工资总额乘以单位缴费费率之积。

对难以按照工资总额缴纳工伤保险费的行业，其缴纳工伤保险费的具体方式，由国务院社会保险行政部门规定。

第十一条 工伤保险基金逐步实行省级统筹。

跨地区、生产流动性较大的行业，可以采取相对集中的方式异地参加统筹地区的工伤保险。具体办法由国务院社会保险行政部门会同有关行业的主管部门制定。

第十二条 工伤保险基金存入社会保障基金财政专户，用于本条例规定的工伤保险待遇，劳动能力鉴定，工伤预防的宣传、培训等费用，以及法律、法规规定的用于工伤保险的其他费用的支付。

工伤预防费用的提取比例、使用和管理的具体办法，由国务院社会保险行政部门会同国务院财政、卫生行政、安全生产监督管理等部门规定。

任何单位或者个人不得将工伤保险基金用于投资运营、兴建或者改建办公场所、发放奖金，或者挪作其他用途。

第十三条 工伤保险基金应当留有一定比例的储备金，用于统筹地区重大事故的工伤保险待遇支付；储备金不足支付的，由统筹地区的人民政府垫付。储备金占基金总额的具体比例和储备金的使用办法，由省、自治区、直辖市人民政府规定。

第三章　工伤认定

第十四条 职工有下列情形之一的，应当认定为工伤：

（一）在工作时间和工作场所内，因工作原因受到事故伤害的；

（二）工作时间前后在工作场所内，从事与工作有关的预备性或者收尾性工作受到事故伤害的；

（三）在工作时间和工作场所内，因履行工作职责受到暴力等意外伤害的；

（四）患职业病的；

（五）因工外出期间，由于工作原因受到伤害或者发生事故下落不明的；

（六）在上下班途中，受到非本人主要责任的交通事故或者城市轨道交通、客运轮渡、火车事故伤害的；

（七）法律、行政法规规定应当认定为工伤的其他情形。

第十五条 职工有下列情形之一的，视同工伤：

（一）在工作时间和工作岗位，突发疾病死亡或者在48小时之内经抢救无效死亡的；

（二）在抢险救灾等维护国家利益、公共利益活动中受到伤害的；

（三）职工原在军队服役，因战、因公负伤致残，已取得革命伤残军人证，到用人单位后旧伤复发的。

职工有前款第（一）项、第（二）项情形的，按照本条例的有关规定享受工伤保险待遇；职工有前款第（三）项情形的，按照本条例的有关规定享受除一次性伤残补助金以外的工伤保险待遇。

第十六条 职工符合本条例第十四条、第十五条的规定，但是有下列情形之一的，不得认定为工伤或者视同工伤：

（一）故意犯罪的；

（二）醉酒或者吸毒的；

（三）自残或者自杀的。

第十七条 职工发生事故伤害或者按照职业病防治法规定被诊断、鉴定为职业病，所在单位应当自事故伤害发生之日或者被诊断、鉴定为职业病之日起30日内，向统筹地区社会保险行政部门提出工伤认定申请。遇有特殊情况，经报社会保险行政部门同意，申请时限可以适当延长。

用人单位未按前款规定提出工伤认定申请的，工伤职工或者其近亲属、工会组织在事故伤害发生之日或者被诊断、鉴定为职业病之日起1年内，可以直接向用人单位所在地统筹地区社会保险行政部门提出工伤认定申请。

按照本条第一款规定应当由省级社会保险行政部门进行工伤认定的事项，根据属地原则由用人单位所在地的设区的市级社会保险行政部门办理。

用人单位未在本条第一款规定的时限内提交工伤认定申请，在此期间发生符合本条例规定的工伤待遇等有关费用由该用人单位负担。

第十八条 提出工伤认定申请应当提交下列材料：

（一）工伤认定申请表；

（二）与用人单位存在劳动关系（包括事实劳动关系）的证明材料；

（三）医疗诊断证明或者职业病诊断证明书（或者职业病诊断鉴定书）。

工伤认定申请表应当包括事故发生的时间、地点、原因以及职工伤害程度等基本情况。

工伤认定申请人提供材料不完整的，社会保险行政部门应当一次性书面告知工伤认定申请人需要补正的全部材料。申请人按照书面告知要求补正材料后，社会保险行政部门应当受理。

第十九条 社会保险行政部门受理工伤认定申请后，根据审核需要可以对事故伤害进行调查核实，用人单位、职工、工会组织、医疗机构以及有关部门应当予以协助。职业病诊断和诊断争议的鉴定，依照职业病防治法的有关规定执行。对依法取得职业病诊断证明书或者职业病诊断鉴定书的，社会保险行政部门不再进行调查核实。

职工或者其近亲属认为是工伤，用人单位不认为是工伤的，由用人单位承担举证责任。

第二十条 社会保险行政部门应当自受理工伤认定申请之日

起60日内作出工伤认定的决定，并书面通知申请工伤认定的职工或者其近亲属和该职工所在单位。

社会保险行政部门对受理的事实清楚、权利义务明确的工伤认定申请，应当在15日内作出工伤认定的决定。

作出工伤认定决定需要以司法机关或者有关行政主管部门的结论为依据的，在司法机关或者有关行政主管部门尚未作出结论期间，作出工伤认定决定的时限中止。

社会保险行政部门工作人员与工伤认定申请人有利害关系的，应当回避。

第四章　劳动能力鉴定

第二十一条　职工发生工伤，经治疗伤情相对稳定后存在残疾、影响劳动能力的，应当进行劳动能力鉴定。

第二十二条　劳动能力鉴定是指劳动功能障碍程度和生活自理障碍程度的等级鉴定。

劳动功能障碍分为十个伤残等级，最重的为一级，最轻的为十级。

生活自理障碍分为三个等级：生活完全不能自理、生活大部分不能自理和生活部分不能自理。

劳动能力鉴定标准由国务院社会保险行政部门会同国务院卫生行政部门等部门制定。

第二十三条　劳动能力鉴定由用人单位、工伤职工或者其近亲属向设区的市级劳动能力鉴定委员会提出申请，并提供工伤认定决定和职工工伤医疗的有关资料。

第二十四条　省、自治区、直辖市劳动能力鉴定委员会和设区的市级劳动能力鉴定委员会分别由省、自治区、直辖市和设区的市级社会保险行政部门、卫生行政部门、工会组织、经办机构代表以及用人单位代表组成。

劳动能力鉴定委员会建立医疗卫生专家库。列入专家库的医疗卫生专业技术人员应当具备下列条件：

（一）具有医疗卫生高级专业技术职务任职资格；

（二）掌握劳动能力鉴定的相关知识；

（三）具有良好的职业品德。

第二十五条 设区的市级劳动能力鉴定委员会收到劳动能力鉴定申请后，应当从其建立的医疗卫生专家库中随机抽取3名或者5名相关专家组成专家组，由专家组提出鉴定意见。设区的市级劳动能力鉴定委员会根据专家组的鉴定意见作出工伤职工劳动能力鉴定结论；必要时，可以委托具备资格的医疗机构协助进行有关的诊断。

设区的市级劳动能力鉴定委员会应当自收到劳动能力鉴定申请之日起60日内作出劳动能力鉴定结论，必要时，作出劳动能力鉴定结论的期限可以延长30日。劳动能力鉴定结论应当及时送达申请鉴定的单位和个人。

第二十六条 申请鉴定的单位或者个人对设区的市级劳动能力鉴定委员会作出的鉴定结论不服的，可以在收到该鉴定结论之日起15日内向省、自治区、直辖市劳动能力鉴定委员会提出再次鉴定申请。省、自治区、直辖市劳动能力鉴定委员会作出的劳动能力鉴定结论为最终结论。

第二十七条 劳动能力鉴定工作应当客观、公正。劳动能力鉴定委员会组成人员或者参加鉴定的专家与当事人有利害关系的，应当回避。

第二十八条 自劳动能力鉴定结论作出之日起1年后，工伤职工或者其近亲属、所在单位或者经办机构认为伤残情况发生变化的，可以申请劳动能力复查鉴定。

第二十九条 劳动能力鉴定委员会依照本条例第二十六条和第二十八条的规定进行再次鉴定和复查鉴定的期限，依照本条例第二十五条第二款的规定执行。

第五章　工伤保险待遇

第三十条　职工因工作遭受事故伤害或者患职业病进行治疗，享受工伤医疗待遇。

职工治疗工伤应当在签订服务协议的医疗机构就医，情况紧急时可以先到就近的医疗机构急救。

治疗工伤所需费用符合工伤保险诊疗项目目录、工伤保险药品目录、工伤保险住院服务标准的，从工伤保险基金支付。工伤保险诊疗项目目录、工伤保险药品目录、工伤保险住院服务标准，由国务院社会保险行政部门会同国务院卫生行政部门、食品药品监督管理部门等部门规定。

职工住院治疗工伤的伙食补助费，以及经医疗机构出具证明，报经办机构同意，工伤职工到统筹地区以外就医所需的交通、食宿费用从工伤保险基金支付，基金支付的具体标准由统筹地区人民政府规定。

工伤职工治疗非工伤引发的疾病，不享受工伤医疗待遇，按照基本医疗保险办法处理。

工伤职工到签订服务协议的医疗机构进行工伤康复的费用，符合规定的，从工伤保险基金支付。

第三十一条　社会保险行政部门作出认定为工伤的决定后发生行政复议、行政诉讼的，行政复议和行政诉讼期间不停止支付工伤职工治疗工伤的医疗费用。

第三十二条　工伤职工因日常生活或者就业需要，经劳动能力鉴定委员会确认，可以安装假肢、矫形器、假眼、假牙和配置轮椅等辅助器具，所需费用按照国家规定的标准从工伤保险基金支付。

第三十三条　职工因工作遭受事故伤害或者患职业病需要暂停工作接受工伤医疗的，在停工留薪期内，原工资福利待遇不变，由所在单位按月支付。

停工留薪期一般不超过 12 个月。伤情严重或者情况特殊，经设区的市级劳动能力鉴定委员会确认，可以适当延长，但延长不得超过 12 个月。工伤职工评定伤残等级后，停发原待遇，按照本章的有关规定享受伤残待遇。工伤职工在停工留薪期满后仍需治疗的，继续享受工伤医疗待遇。

生活不能自理的工伤职工在停工留薪期需要护理的，由所在单位负责。

第三十四条 工伤职工已经评定伤残等级并经劳动能力鉴定委员会确认需要生活护理的，从工伤保险基金按月支付生活护理费。

生活护理费按照生活完全不能自理、生活大部分不能自理或者生活部分不能自理 3 个不同等级支付，其标准分别为统筹地区上年度职工月平均工资的 50%、40%或者 30%。

第三十五条 职工因工致残被鉴定为一级至四级伤残的，保留劳动关系，退出工作岗位，享受以下待遇：

（一）从工伤保险基金按伤残等级支付一次性伤残补助金，标准为：一级伤残为 27 个月的本人工资，二级伤残为 25 个月的本人工资，三级伤残为 23 个月的本人工资，四级伤残为 21 个月的本人工资；

（二）从工伤保险基金按月支付伤残津贴，标准为：一级伤残为本人工资的 90%，二级伤残为本人工资的 85%，三级伤残为本人工资的 80%，四级伤残为本人工资的 75%。伤残津贴实际金额低于当地最低工资标准的，由工伤保险基金补足差额；

（三）工伤职工达到退休年龄并办理退休手续后，停发伤残津贴，按照国家有关规定享受基本养老保险待遇。基本养老保险待遇低于伤残津贴的，由工伤保险基金补足差额。

职工因工致残被鉴定为一级至四级伤残的，由用人单位和职工个人以伤残津贴为基数，缴纳基本医疗保险费。

第三十六条 职工因工致残被鉴定为五级、六级伤残的，享受以下待遇：

（一）从工伤保险基金按伤残等级支付一次性伤残补助金，标准为：五级伤残为 18 个月的本人工资，六级伤残为 16 个月的本人工资；

（二）保留与用人单位的劳动关系，由用人单位安排适当工作。难以安排工作的，由用人单位按月发给伤残津贴，标准为：五级伤残为本人工资的 70%，六级伤残为本人工资的 60%，并由用人单位按照规定为其缴纳应缴纳的各项社会保险费。伤残津贴实际金额低于当地最低工资标准的，由用人单位补足差额。

经工伤职工本人提出，该职工可以与用人单位解除或者终止劳动关系，由工伤保险基金支付一次性工伤医疗补助金，由用人单位支付一次性伤残就业补助金。一次性工伤医疗补助金和一次性伤残就业补助金的具体标准由省、自治区、直辖市人民政府规定。

第三十七条　职工因工致残被鉴定为七级至十级伤残的，享受以下待遇：

（一）从工伤保险基金按伤残等级支付一次性伤残补助金，标准为：七级伤残为 13 个月的本人工资，八级伤残为 11 个月的本人工资，九级伤残为 9 个月的本人工资，十级伤残为 7 个月的本人工资；

（二）劳动、聘用合同期满终止，或者职工本人提出解除劳动、聘用合同的，由工伤保险基金支付一次性工伤医疗补助金，由用人单位支付一次性伤残就业补助金。一次性工伤医疗补助金和一次性伤残就业补助金的具体标准由省、自治区、直辖市人民政府规定。

第三十八条　工伤职工工伤复发，确认需要治疗的，享受本条例第三十条、第三十二条和第三十三条规定的工伤待遇。

第三十九条　职工因工死亡，其近亲属按照下列规定从工伤保险基金领取丧葬补助金、供养亲属抚恤金和一次性工亡补助金：

（一）丧葬补助金为6个月的统筹地区上年度职工月平均工资；

（二）供养亲属抚恤金按照职工本人工资的一定比例发给由因工死亡职工生前提供主要生活来源、无劳动能力的亲属。标准为：配偶每月40%，其他亲属每人每月30%，孤寡老人或者孤儿每人每月在上述标准的基础上增加10%。核定的各供养亲属的抚恤金之和不应高于因工死亡职工生前的工资。供养亲属的具体范围由国务院社会保险行政部门规定；

（三）一次性工亡补助金标准为上一年度全国城镇居民人均可支配收入的20倍。

伤残职工在停工留薪期内因工伤导致死亡的，其近亲属享受本条第一款规定的待遇。

一级至四级伤残职工在停工留薪期满后死亡的，其近亲属可以享受本条第一款第（一）项、第（二）项规定的待遇。

第四十条　伤残津贴、供养亲属抚恤金、生活护理费由统筹地区社会保险行政部门根据职工平均工资和生活费用变化等情况适时调整。调整办法由省、自治区、直辖市人民政府规定。

第四十一条　职工因工外出期间发生事故或者在抢险救灾中下落不明的，从事故发生当月起3个月内照发工资，从第4个月起停发工资，由工伤保险基金向其供养亲属按月支付供养亲属抚恤金。生活有困难的，可以预支一次性工亡补助金的50%。职工被人民法院宣告死亡的，按照本条例第三十九条职工因工死亡的规定处理。

第四十二条　工伤职工有下列情形之一的，停止享受工伤保险待遇：

（一）丧失享受待遇条件的；

（二）拒不接受劳动能力鉴定的；

（三）拒绝治疗的。

第四十三条 用人单位分立、合并、转让的，承继单位应当承担原用人单位的工伤保险责任；原用人单位已经参加工伤保险的，承继单位应当到当地经办机构办理工伤保险变更登记。

用人单位实行承包经营的，工伤保险责任由职工劳动关系所在单位承担。

职工被借调期间受到工伤事故伤害的，由原用人单位承担工伤保险责任，但原用人单位与借调单位可以约定补偿办法。

企业破产的，在破产清算时依法拨付应当由单位支付的工伤保险待遇费用。

第四十四条 职工被派遣出境工作，依据前往国家或者地区的法律应当参加当地工伤保险的，参加当地工伤保险，其国内工伤保险关系中止；不能参加当地工伤保险的，其国内工伤保险关系不中止。

第四十五条 职工再次发生工伤，根据规定应当享受伤残津贴的，按照新认定的伤残等级享受伤残津贴待遇。

第六章 监督管理

第四十六条 经办机构具体承办工伤保险事务，履行下列职责：

（一）根据省、自治区、直辖市人民政府规定，征收工伤保险费；

（二）核查用人单位的工资总额和职工人数，办理工伤保险登记，并负责保存用人单位缴费和职工享受工伤保险待遇情况的记录；

（三）进行工伤保险的调查、统计；

（四）按照规定管理工伤保险基金的支出；

（五）按照规定核定工伤保险待遇；

（六）为工伤职工或者其近亲属免费提供咨询服务。

第四十七条 经办机构与医疗机构、辅助器具配置机构在平等协商的基础上签订服务协议，并公布签订服务协议的医疗机构、辅助器具配置机构的名单。具体办法由国务院社会保险行政部门分别会同国务院卫生行政部门、民政部门等部门制定。

第四十八条　经办机构按照协议和国家有关目录、标准对工伤职工医疗费用、康复费用、辅助器具费用的使用情况进行核查，并按时足额结算费用。

第四十九条　经办机构应当定期公布工伤保险基金的收支情况，及时向社会保险行政部门提出调整费率的建议。

第五十条　社会保险行政部门、经办机构应当定期听取工伤职工、医疗机构、辅助器具配置机构以及社会各界对改进工伤保险工作的意见。

第五十一条　社会保险行政部门依法对工伤保险费的征缴和工伤保险基金的支付情况进行监督检查。

财政部门和审计机关依法对工伤保险基金的收支、管理情况进行监督。

第五十二条　任何组织和个人对有关工伤保险的违法行为，有权举报。社会保险行政部门对举报应当及时调查，按照规定处理，并为举报人保密。

第五十三条　工会组织依法维护工伤职工的合法权益，对用人单位的工伤保险工作实行监督。

第五十四条　职工与用人单位发生工伤待遇方面的争议，按照处理劳动争议的有关规定处理。

第五十五条　有下列情形之一的，有关单位或者个人可以依法申请行政复议，也可以依法向人民法院提起行政诉讼：

（一）申请工伤认定的职工或者其近亲属、该职工所在单位对工伤认定申请不予受理的决定不服的；

（二）申请工伤认定的职工或者其近亲属、该职工所在单位对工伤认定结论不服的；

（三）用人单位对经办机构确定的单位缴费费率不服的；

（四）签订服务协议的医疗机构、辅助器具配置机构认为经办机构未履行有关协议或者规定的；

（五）工伤职工或者其近亲属对经办机构核定的工伤保险待遇有异议的。

第七章 法律责任

第五十六条 单位或者个人违反本条例第十二条规定挪用工伤保险基金，构成犯罪的，依法追究刑事责任；尚不构成犯罪的，依法给予处分或者纪律处分。被挪用的基金由社会保险行政部门追回，并入工伤保险基金；没收的违法所得依法上缴国库。

第五十七条 社会保险行政部门工作人员有下列情形之一的，依法给予处分；情节严重，构成犯罪的，依法追究刑事责任：

（一）无正当理由不受理工伤认定申请，或者弄虚作假将不符合工伤条件的人员认定为工伤职工的；

（二）未妥善保管申请工伤认定的证据材料，致使有关证据灭失的；

（三）收受当事人财物的。

第五十八条 经办机构有下列行为之一的，由社会保险行政部门责令改正，对直接负责的主管人员和其他责任人员依法给予纪律处分；情节严重，构成犯罪的，依法追究刑事责任；造成当事人经济损失的，由经办机构依法承担赔偿责任：

（一）未按规定保存用人单位缴费和职工享受工伤保险待遇情况记录的；

（二）不按规定核定工伤保险待遇的；

（三）收受当事人财物的。

第五十九条 医疗机构、辅助器具配置机构不按服务协议提供服务的，经办机构可以解除服务协议。

经办机构不按时足额结算费用的，由社会保险行政部门责令改正；医疗机构、辅助器具配置机构可以解除服务协议。

第六十条 用人单位、工伤职工或者其近亲属骗取工伤保险待遇，医疗机构、辅助器具配置机构骗取工伤保险基金支出的，由社会保险行政部门责令退还，处骗取金额 2 倍以上 5 倍以下的罚款；情节严重，构成犯罪的，依法追究刑事责任。

第六十一条 从事劳动能力鉴定的组织或者个人有下列情形之一的，由社会保险行政部门责令改正，处2000 元以上 1 万元以下的罚款；情节严重，构成犯罪的，依法追究刑事责任：

（一）提供虚假鉴定意见的；

（二）提供虚假诊断证明的；

（三）收受当事人财物的。

第六十二条 用人单位依照本条例规定应当参加工伤保险而未参加的，由社会保险行政部门责令限期参加，补缴应当缴纳的工伤保险费，并自欠缴之日起，按日加收万分之五的滞纳金；逾期仍不缴纳的，处欠缴数额 1 倍以上 3 倍以下的罚款。

依照本条例规定应当参加工伤保险而未参加工伤保险的用人单位职工发生工伤的，由该用人单位按照本条例规定的工伤保险待遇项目和标准支付费用。

用人单位参加工伤保险并补缴应当缴纳的工伤保险费、滞纳金后，由工伤保险基金和用人单位依照本条例的规定支付新发生的费用。

第六十三条 用人单位违反本条例第十九条的规定，拒不协助社会保险行政部门对事故进行调查核实的，由社会保险行政部门责令改正，处 2000 元以上 2 万元以下的罚款。

第八章　附　则

第六十四条 本条例所称工资总额，是指用人单位直接支付给本单位全部职工的劳动报酬总额。

本条例所称本人工资，是指工伤职工因工作遭受事故伤害或者患职业病前 12 个月平均月缴费工资。本人工资高于统筹地区职工平均工资 300% 的，按照统筹地区职工平均工资的 300% 计算；本人工资低于统筹地区职工平均工资 60% 的，按照统筹地区职工平均工资的 60% 计算。

第六十五条 公务员和参照公务员法管理的事业单位、社会团体的工作人员因工作遭受事故伤害或者患职业病的，由所在单位支付费用。具体办法由国务院社会保险行政部门会同国务院财政部门规定。

第六十六条 无营业执照或者未经依法登记、备案的单位以及被依法吊销营业执照或者撤销登记、备案的单位的职工受到事故伤害或者患职业病的，由该单位向伤残职工或者死亡职工的近亲属给予一次性赔偿，赔偿标准不得低于本条例规定的工伤保险待遇；用人单位不得使用童工，用人单位使用童工造成童工伤残、死亡的，由该单位向童工或者童工的近亲属给予一次性赔偿，赔偿标准不得低于本条例规定的工伤保险待遇。具体办法由国务院社会保险行政部门规定。

前款规定的伤残职工或者死亡职工的近亲属就赔偿数额与单位发生争议的，以及前款规定的童工或者童工的近亲属就赔偿数额与单位发生争议的，按照处理劳动争议的有关规定处理。

第六十七条 本条例自 2004 年 1 月 1 日起施行。本条例施行前已受到事故伤害或者患职业病的职工尚未完成工伤认定的，按照本条例的规定执行。

事业单位人事管理条例

（2014年4月25日　国务院令第652号）

第一章　总　则

第一条　为了规范事业单位的人事管理，保障事业单位工作人员的合法权益，建设高素质的事业单位工作人员队伍，促进公共服务发展，制定本条例。

第二条　事业单位人事管理，坚持党管干部、党管人才原则，全面准确贯彻民主、公开、竞争、择优方针。

国家对事业单位工作人员实行分级分类管理。

第三条　中央事业单位人事综合管理部门负责全国事业单位人事综合管理工作。

县级以上地方各级事业单位人事综合管理部门负责本辖区事业单位人事综合管理工作。

事业单位主管部门具体负责所属事业单位人事管理工作。

第四条　事业单位应当建立健全人事管理制度。

事业单位制定或者修改人事管理制度，应当通过职工代表大会或者其他形式听取工作人员意见。

第二章　岗位设置

第五条　国家建立事业单位岗位管理制度，明确岗位类别和等级。

第六条　事业单位根据职责任务和工作需要，按照国家有关规定设置岗位。

岗位应当具有明确的名称、职责任务、工作标准和任职条件。

第七条 事业单位拟订岗位设置方案，应当报人事综合管理部门备案。

第三章 公开招聘和竞聘上岗

第八条 事业单位新聘用工作人员，应当面向社会公开招聘。但是，国家政策性安置、按照人事管理权限由上级任命、涉密岗位等人员除外。

第九条 事业单位公开招聘工作人员按照下列程序进行：

（一）制定公开招聘方案；

（二）公布招聘岗位、资格条件等招聘信息；

（三）审查应聘人员资格条件；

（四）考试、考察；

（五）体检；

（六）公示拟聘人员名单；

（七）订立聘用合同，办理聘用手续。

第十条 事业单位内部产生岗位人选，需要竞聘上岗的，按照下列程序进行：

（一）制定竞聘上岗方案；

（二）在本单位公布竞聘岗位、资格条件、聘期等信息；

（三）审查竞聘人员资格条件；

（四）考评；

（五）在本单位公示拟聘人员名单；

（六）办理聘任手续。

第十一条 事业单位工作人员可以按照国家有关规定进行交流。

第四章　聘用合同

第十二条　事业单位与工作人员订立的聘用合同，期限一般不低于3年。

第十三条　初次就业的工作人员与事业单位订立的聘用合同期限3年以上的，试用期为12个月。

第十四条　事业单位工作人员在本单位连续工作满10年且距法定退休年龄不足10年，提出订立聘用至退休的合同的，事业单位应当与其订立聘用至退休的合同。

第十五条　事业单位工作人员连续旷工超过15个工作日，或者1年内累计旷工超过30个工作日的，事业单位可以解除聘用合同。

第十六条　事业单位工作人员年度考核不合格且不同意调整工作岗位，或者连续两年年度考核不合格的，事业单位提前30日书面通知，可以解除聘用合同。

第十七条　事业单位工作人员提前30日书面通知事业单位，可以解除聘用合同。但是，双方对解除聘用合同另有约定的除外。

第十八条　事业单位工作人员受到开除处分的，解除聘用合同。

第十九条　自聘用合同依法解除、终止之日起，事业单位与被解除、终止聘用合同人员的人事关系终止。

第五章　考核和培训

第二十条　事业单位应当根据聘用合同规定的岗位职责任务，全面考核工作人员的表现，重点考核工作绩效。考核应当听取服务对象的意见和评价。

第二十一条　考核分为平时考核、年度考核和聘期考核。

年度考核的结果可以分为优秀、合格、基本合格和不合格等档次，聘期考核的结果可以分为合格和不合格等档次。

第二十二条 考核结果作为调整事业单位工作人员岗位、工资以及续订聘用合同的依据。

第二十三条 事业单位应当根据不同岗位的要求，编制工作人员培训计划，对工作人员进行分级分类培训。

工作人员应当按照所在单位的要求，参加岗前培训、在岗培训、转岗培训和为完成特定任务的专项培训。

第二十四条 培训经费按照国家有关规定列支。

第六章 奖励和处分

第二十五条 事业单位工作人员或者集体有下列情形之一的，给予奖励：

（一）长期服务基层，爱岗敬业，表现突出的；

（二）在执行国家重要任务、应对重大突发事件中表现突出的；

（三）在工作中有重大发明创造、技术革新的；

（四）在培养人才、传播先进文化中作出突出贡献的；

（五）有其他突出贡献的。

第二十六条 奖励坚持精神奖励与物质奖励相结合、以精神奖励为主的原则。

第二十七条 奖励分为嘉奖、记功、记大功、授予荣誉称号。

第二十八条 事业单位工作人员有下列行为之一的，给予处分：

（一）损害国家声誉和利益的；

（二）失职渎职的；

（三）利用工作之便谋取不正当利益的；

（四）挥霍、浪费国家资财的；

（五）严重违反职业道德、社会公德的；

（六）其他严重违反纪律的。

第二十九条 处分分为警告、记过、降低岗位等级或者撤职、开除。

受处分的期间为：警告，6个月；记过，12个月；降低岗位等级或者撤职，24个月。

第三十条 给予工作人员处分，应当事实清楚、证据确凿、定性准确、处理恰当、程序合法、手续完备。

第三十一条 工作人员受开除以外的处分，在受处分期间没有再发生违纪行为的，处分期满后，由处分决定单位解除处分并以书面形式通知本人。

第七章 工资福利和社会保险

第三十二条 国家建立激励与约束相结合的事业单位工资制度。

事业单位工作人员工资包括基本工资、绩效工资和津贴补贴。

事业单位工资分配应当结合不同行业事业单位特点，体现岗位职责、工作业绩、实际贡献等因素。

第三十三条 国家建立事业单位工作人员工资的正常增长机制。

事业单位工作人员的工资水平应当与国民经济发展相协调、与社会进步相适应。

第三十四条 事业单位工作人员享受国家规定的福利待遇。

事业单位执行国家规定的工时制度和休假制度。

第三十五条 事业单位及其工作人员依法参加社会保险，工作人员依法享受社会保险待遇。

第三十六条 事业单位工作人员符合国家规定退休条件的，应当退休。

第八章　人事争议处理

第三十七条　事业单位工作人员与所在单位发生人事争议的，依照《中华人民共和国劳动争议调解仲裁法》等有关规定处理。

第三十八条　事业单位工作人员对涉及本人的考核结果、处分决定等不服的，可以按照国家有关规定申请复核、提出申诉。

第三十九条　负有事业单位聘用、考核、奖励、处分、人事争议处理等职责的人员履行职责，有下列情形之一的，应当回避：

（一）与本人有利害关系的；

（二）与本人近亲属有利害关系的；

（三）其他可能影响公正履行职责的。

第四十条　对事业单位人事管理工作中的违法违纪行为，任何单位或者个人可以向事业单位人事综合管理部门、主管部门或者监察机关投诉、举报，有关部门和机关应当及时调查处理。

第九章　法律责任

第四十一条　事业单位违反本条例规定的，由县级以上事业单位人事综合管理部门或者主管部门责令限期改正；逾期不改正的，对直接负责的主管人员和其他直接责任人员依法给予处分。

第四十二条　对事业单位工作人员的人事处理违反本条例规定给当事人造成名誉损害的，应当赔礼道歉、恢复名誉、消除影响；造成经济损失的，依法给予赔偿。

第四十三条　事业单位人事综合管理部门和主管部门的工作人员在事业单位人事管理工作中滥用职权、玩忽职守、徇私舞弊的，依法给予处分；构成犯罪的，依法追究刑事责任。

第十章　附　则

第四十四条　本条例自 2014 年 7 月 1 日起施行。

全国社会保障基金条例

（2016年3月10日　国务院令第667号）

第一章　总　则

第一条　为了规范全国社会保障基金的管理运营，加强对全国社会保障基金的监督，在保证安全的前提下实现保值增值，根据《中华人民共和国社会保险法》，制定本条例。

第二条　国家设立全国社会保障基金。

全国社会保障基金由中央财政预算拨款、国有资本划转、基金投资收益和以国务院批准的其他方式筹集的资金构成。

第三条　全国社会保障基金是国家社会保障储备基金，用于人口老龄化高峰时期的养老保险等社会保障支出的补充、调剂。

第四条　国家根据人口老龄化趋势和经济社会发展状况，确定和调整全国社会保障基金规模。

全国社会保障基金的筹集和使用方案，由国务院确定。

第五条　国务院财政部门、国务院社会保险行政部门负责拟订全国社会保障基金的管理运营办法，报国务院批准后施行。

全国社会保障基金理事会负责全国社会保障基金的管理运营。

第二章　全国社会保障基金的管理运营

第六条　全国社会保障基金理事会应当审慎、稳健管理运营全国社会保障基金，按照国务院批准的比例在境内外市场投资运营全国社会保障基金。

全国社会保障基金理事会投资运营全国社会保障基金，应当坚持安全性、收益性和长期性原则，在国务院批准的固定收益类、股票类和未上市股权类等资产种类及其比例幅度内合理配置资产。

第七条 全国社会保障基金理事会制定全国社会保障基金的资产配置计划、确定重大投资项目，应当进行风险评估，并集体讨论决定。

全国社会保障基金理事会应当制定风险管理和内部控制办法，在管理运营的各个环节对风险进行识别、衡量、评估、监测和应对，有效防范和控制风险。风险管理和内部控制办法应当报国务院财政部门、国务院社会保险行政部门备案。

全国社会保障基金理事会应当依法制定会计核算办法，并报国务院财政部门审核批准。

第八条 全国社会保障基金理事会应当定期向国务院财政部门、国务院社会保险行政部门报告全国社会保障基金管理运营情况，提交财务会计报告。

第九条 全国社会保障基金理事会可以将全国社会保障基金委托投资或者以国务院批准的其他方式投资。

第十条 全国社会保障基金理事会将全国社会保障基金委托投资的，应当选择符合法定条件的专业投资管理机构、专业托管机构分别担任全国社会保障基金投资管理人、托管人。

全国社会保障基金理事会应当按照公开、公平、公正的原则选聘投资管理人、托管人，发布选聘信息、组织专家评审、集体讨论决定并公布选聘结果。

全国社会保障基金理事会应当制定投资管理人、托管人选聘办法，并报国务院财政部门、国务院社会保险行政部门备案。

第十一条 全国社会保障基金理事会应当与聘任的投资管理人、托管人分别签订委托投资合同、托管合同，并报国务院财政部门、国务院社会保险行政部门、国务院外汇管理部门、国务院证券监督管理机构、国务院银行业监督管理机构备案。

第十二条 全国社会保障基金理事会应当制定投资管理人、托管人考评办法，根据考评办法对投资管理人投资、托管人保管全国社会保障基金的情况进行考评。考评结果作为是否继续聘任的依据。

第十三条 全国社会保障基金投资管理人履行下列职责：

（一）运用全国社会保障基金进行投资；

（二）按照规定提取全国社会保障基金投资管理风险准备金；

（三）向全国社会保障基金理事会报告投资情况；

（四）法律、行政法规和国务院有关部门规章规定的其他职责。

第十四条 全国社会保障基金托管人履行下列职责：

（一）安全保管全国社会保障基金财产；

（二）按照托管合同的约定，根据全国社会保障基金投资管理人的投资指令，及时办理清算、交割事宜；

（三）按照规定和托管合同的约定，监督全国社会保障基金投资管理人的投资；

（四）执行全国社会保障基金理事会的指令，并报告托管情况；

（五）法律、行政法规和国务院有关部门规章规定的其他职责。

第十五条 全国社会保障基金财产应当独立于全国社会保障基金理事会、投资管理人、托管人的固有财产，独立于投资管理人投资和托管人保管的其他财产。

第十六条 全国社会保障基金投资管理人、托管人不得有下列行为：

（一）将全国社会保障基金财产混同于其他财产投资、保管；

（二）泄露因职务便利获取的全国社会保障基金未公开的信息，利用该信息从事或者明示、暗示他人从事相关交易活动；

（三）法律、行政法规和国务院有关部门规章禁止的其他行为。

第十七条 全国社会保障基金按照国家规定享受税收优惠。

第三章 全国社会保障基金的监督

第十八条 国家建立健全全国社会保障基金监督制度。

任何单位和个人不得侵占、挪用或者违规投资运营全国社会保障基金。

第十九条 国务院财政部门、国务院社会保险行政部门按照各自职责对全国社会保障基金的收支、管理和投资运营情况实施监督；发现存在问题的，应当依法处理；不属于本部门职责范围的，应当依法移送国务院外汇管理部门、国务院证券监督管理机构、国务院银行业监督管理机构等有关部门处理。

第二十条 国务院外汇管理部门、国务院证券监督管理机构、国务院银行业监督管理机构按照各自职责对投资管理人投资、托管人保管全国社会保障基金情况实施监督；发现违法违规行为的，应当依法处理，并及时通知国务院财政部门、国务院社会保险行政部门。

第二十一条 对全国社会保障基金境外投资管理人、托管人的监督，由国务院证券监督管理机构、国务院银行业监督管理机构按照与投资管理人、托管人所在国家或者地区有关监督管理机构签署的合作文件的规定执行。

第二十二条 审计署应当对全国社会保障基金每年至少进行一次审计。审计结果应当向社会公布。

第二十三条 全国社会保障基金理事会应当通过公开招标的方式选聘会计师事务所，对全国社会保障基金进行审计。

第二十四条 全国社会保障基金理事会应当通过其官方网

站、全国范围内发行的报纸每年向社会公布全国社会保障基金的收支、管理和投资运营情况，接受社会监督。

第四章　法律责任

第二十五条　全国社会保障基金境内投资管理人、托管人违反本条例第十六条、第十八条第二款规定的，由国务院证券监督管理机构、国务院银行业监督管理机构责令改正，没收违法所得，并处违法所得 1 倍以上 5 倍以下罚款；没有违法所得或者违法所得不足 100 万元的，并处 10 万元以上 100 万元以下罚款；对直接负责的主管人员和其他直接责任人员给予警告，暂停或者撤销有关从业资格，并处 3 万元以上 30 万元以下罚款；构成犯罪的，依法追究刑事责任。

第二十六条　全国社会保障基金理事会违反本条例规定的，由国务院财政部门、国务院社会保险行政部门责令改正；对直接负责的主管人员和其他直接责任人员依法给予处分；构成犯罪的，依法追究刑事责任。

第二十七条　国家工作人员在全国社会保障基金管理运营、监督工作中滥用职权、玩忽职守、徇私舞弊的，依法给予处分；构成犯罪的，依法追究刑事责任。

第二十八条　违反本条例规定，给全国社会保障基金造成损失的，依法承担赔偿责任。

第五章　附　则

第二十九条　经国务院批准，全国社会保障基金理事会可以接受省级人民政府的委托管理运营社会保险基金；受托管理运营社会保险基金，按照国务院有关社会保险基金投资管理的规定执行。

第三十条　本条例自 2016 年 5 月 1 日起施行。

国务院关于印发基本养老保险基金投资管理办法的通知

（2015年8月17日 国发〔2015〕48号）

各省、自治区、直辖市人民政府，国务院各部委、各直属机构：

现将《基本养老保险基金投资管理办法》印发给你们，请认真贯彻执行。

基本养老保险基金投资管理办法

第一章 总 则

第一条 为了规范基本养老保险基金投资管理行为，保护基金委托人及相关当事人的合法权益，根据社会保险法、劳动法、证券投资基金法、信托法、合同法等法律法规和国务院有关规定，制定本办法。

第二条 本办法所称基本养老保险基金（以下简称养老基金），包括企业职工、机关事业单位工作人员和城乡居民养老基金。

第三条 各省、自治区、直辖市养老基金结余额，可按照本办法规定，预留一定支付费用后，确定具体投资额度，委托给国务院授权的机构进行投资运营。委托投资的资金额度、划出和划回等事项，要向人力资源社会保障部、财政部报告。

第四条 养老基金投资应当坚持市场化、多元化、专业化的原则，确保资产安全，实现保值增值。

第五条 养老基金投资委托人（以下简称委托人）与养老基金投资受托机构（以下简称受托机构）签订委托投资合同，受托机构与养老基金托管机构（以下简称托管机构）签订托管合同、与养老基金投资管理机构（以下简称投资管理机构）签订投资管理合同。

委托人、受托机构、托管机构、投资管理机构的权利义务，依照本办法在养老基金委托投资合同、托管合同和投资管理合同中约定。

第六条 养老基金资产独立于委托人、受托机构、托管机构、投资管理机构的固有财产及其管理的其他财产。委托人、受托机构、托管机构、投资管理机构不得将养老基金资产归入其固有财产。

第七条 委托人、受托机构、托管机构、投资管理机构因养老基金资产的管理、运营或者其他情形取得的财产和收益归入养老基金资产，权益归养老基金所有。

第八条 受托机构、托管机构、投资管理机构和其他为养老基金投资管理提供服务的法人或者其他组织因依法解散、被依法撤销或者被依法宣告破产等原因进行清算的，基金资产不属于其清算财产。

第九条 养老基金资产的债权，不得与委托人、受托机构、托管机构、投资管理机构和其他为养老基金投资管理提供服务的自然人、法人或者其他组织固有财产的债务相互抵销；养老基金不同投资组合基金资产的债权债务，不得相互抵销。

第十条 养老基金资产的债务由基金资产本身承担。非因养老基金资产本身承担的债务，不得对基金资产强制执行。

第十一条 养老基金投资按照国家规定享受税收优惠。具体办法由财政部会同有关部门另行制定。

第十二条 国家对养老基金投资实行严格监管。养老基金投资应当严格遵守相关法律法规，严禁从事内幕交易、利用未公开信息交易、操纵市场等违法行为，严禁通过关联交易等损害养老基金及他人利益、获取不正当利益。任何组织和个人不得贪污、侵占、挪用投资运营的养老基金。

第二章　委托人

第十三条　省、自治区、直辖市人民政府作为养老基金委托投资的委托人，可指定省级社会保险行政部门、财政部门承办具体事务。

第十四条　委托人应当履行下列职责：

（一）制定养老基金归集办法，将投资运营的养老基金归集到省级社会保障基金财政专户。

（二）与受托机构签订养老基金委托投资合同。

（三）向受托机构划拨委托投资资金；向受托机构下达划回委托投资资金的指令，接收划回的投资资金。

（四）根据受托机构提交的养老基金收益率，进行养老基金的记账、结算和收益分配。

（五）定期汇总养老基金投资管理情况，并以适当方式向社会公布。

（六）国家规定和合同约定的其他职责。

第三章　受托机构

第十五条　本办法所称受托机构，是指国家设立、国务院授权的养老基金管理机构。

第十六条　受托机构应当履行下列职责：

（一）建立健全养老基金受托投资内部管理制度、风险管理制度和绩效评估办法。

（二）选择、监督、更换托管机构、投资管理机构。

（三）制定养老基金投资运营策略并组织实施。

（四）根据委托投资合同接收委托人划拨的委托投资资金；

根据委托人通知划出委托投资资金。

（五）接受委托人查询，定期向委托人提交养老基金管理和财务会计报告；发生重大事件时，及时向委托人和有关监管部门报告；定期向国务院有关主管部门提交开展养老基金受托管理业务情况的报告；定期向社会公布养老基金投资情况。

（六）根据托管合同、投资管理合同对养老基金托管、投资情况进行监督。

（七）按照国家规定保存养老基金受托业务活动记录、账册、报表和其他相关资料。

（八）国家规定和合同约定的其他职责。

第十七条 受托机构应当将养老基金单独管理、集中运营、独立核算，可对部分养老基金资产进行直接投资，其他养老基金资产委托其他专业机构投资。

同一个养老基金投资组合，托管机构与投资管理机构不得为同一机构。

第十八条 申请养老基金托管业务、投资管理业务的机构，需向受托机构提交申请。受托机构成立专家评审委员会，参照公开招标的原则对具备条件的养老基金托管业务、投资管理业务申请人进行评审。评审办法及评审结果报国务院有关主管部门备案。

建立健全受托机构、托管机构和投资管理机构竞争机制，不断优化治理结构，提升养老基金投资运营水平。

第十九条 受托机构及其董事（理事）、监事、管理人员和其他从业人员不得有下列行为：

（一）违反与委托人合同约定。

（二）利用养老基金资产或者职务之便谋取不正当利益。

（三）侵占、挪用受托管理的养老基金资产。

（四）泄露因职务便利获取的未公开信息，或者利用该信息从事或明示、暗示他人进行相关的交易活动。

（五）法律、行政法规和国务院有关主管部门规定禁止的其他行为。

第四章　托管机构

第二十条　本办法所称托管机构，是指接受养老基金受托机构委托，具有全国社会保障基金、企业年金基金托管经验，或者具有良好的基金托管业绩和社会信誉，负责安全保管养老基金资产的商业银行。

第二十一条　托管机构应当履行下列职责：

（一）安全保管养老基金资产。

（二）以养老基金名义开设基金资产的资金账户、证券账户和期货账户等。

（三）及时办理清算、交割事宜。

（四）负责养老基金会计核算和估值，复核、审查和确认投资管理机构计算的基金资产净值。

（五）按照规定监督投资管理机构的投资活动，并定期向受托机构报告监督情况。

（六）定期向受托机构提交养老基金托管和财务会计报告；定期向国务院有关主管部门提交开展养老基金托管业务情况的报告。

（七）按照国家规定保存养老基金托管业务活动记录、账册、报表和其他相关资料。

（八）国家规定和合同约定的其他职责。

第二十二条　托管机构发现投资管理机构依据交易程序尚未成立的投资指令违反法律、行政法规、其他有关规定或者合同约定的，应当拒绝执行，立即通知投资管理机构，并及时向受托机构和国务院有关主管部门报告。

托管机构发现投资管理机构依据交易程序已经成立的投资指令违反法律、行政法规、其他有关规定或者合同约定的，应当立即通知投资管理机构，并及时向受托机构和国务院有关主管部门报告。

第二十三条 有下列情形之一的，托管机构职责终止：

（一）违反与受托机构合同约定，情节严重的。

（二）利用养老基金资产为其谋取不正当利益，或者为他人谋取不正当利益的。

（三）依法解散、被依法撤销、被依法宣告破产或者被依法接管的。

（四）受托机构有充分理由认为托管机构应当被终止职责的。

（五）国务院有关主管部门有充分理由和依据认为托管机构应当被终止职责的。

（六）国务院有关主管部门规定和合同约定的其他情形。

第二十四条 托管机构职责终止的，应当妥善保管养老基金托管业务资料，在45日内办理基金托管业务移交手续，新的托管机构应当接收并行使相应职责。

第二十五条 托管机构及其董事、监事、管理人员和其他从业人员不得有下列行为：

（一）将托管的养老基金资产与其固有财产混合管理。

（二）将托管的养老基金资产与托管的其他财产混合管理。

（三）将托管的不同养老基金资产混合管理。

（四）侵占、挪用托管的养老基金资产。

（五）利用养老基金资产或者职务之便为他人谋取不正当利益。

（六）泄露因职务便利获取的未公开信息，或者利用该信息从事或明示、暗示他人进行相关的交易活动。

（七）法律、行政法规和国务院有关主管部门规定禁止的其他行为。

第五章　投资管理机构

第二十六条　本办法所称投资管理机构，是指接受受托机构委托，具有全国社会保障基金、企业年金基金投资管理经验，或者具有良好的资产管理业绩、财务状况和社会信誉，负责养老基金资产投资运营的专业机构。

第二十七条　投资管理机构应当建立良好的内部治理结构，明确股东会、董事会、监事会和高级管理人员的职责权限，确保独立投资运营；应当健全资产配置、风险管理和绩效评估等制度。

投资管理机构及其股东、董事、监事、管理人员和其他从业人员不得从事损害养老基金资产和受托机构利益的证券交易及其他活动；在行使权利或者履行职责时，应当遵循回避原则。

第二十八条　投资管理机构应当履行下列职责：

（一）按照投资管理合同，管理养老基金投资组合和项目。

（二）对所管理的不同养老基金资产分别管理、分别记账。

（三）及时与托管机构核对养老基金会计核算和估值结果。

（四）进行养老基金会计核算，编制养老基金财务会计报告。

（五）按照国家规定保存养老基金投资业务活动记录、账册、报表和其他相关资料。

（六）国家规定和合同约定的其他职责。

第二十九条　投资管理机构从当期收取的管理费中，提取20%作为风险准备金，专项用于弥补委托投资资产出现的投资损失。

第三十条　有下列情形之一的，投资管理机构应当及时向受托机构和国务院有关主管部门报告：

（一）养老基金资产市场价值大幅度波动。

（二）有可能使养老基金资产的价值受到重大影响的其他

事项。

（三）国务院有关主管部门规定或者合同约定的其他报告事项。

第三十一条 有下列情形之一的，投资管理机构职责终止：

（一）违反与受托机构合同约定，情节严重的。

（二）利用养老基金资产为其谋取不正当利益，或者为他人谋取不正当利益的。

（三）依法解散、被依法撤销、被依法宣告破产或者被依法接管的。

（四）受托机构有充分理由认为投资管理机构应当被终止职责的。

（五）国务院有关主管部门有充分理由和依据认为投资管理机构应当被终止职责的。

（六）国务院有关主管部门规定和合同约定的其他情形。

第三十二条 投资管理机构职责终止的，应当妥善保管养老基金投资运营业务资料，在45日内办理基金投资运营业务移交手续，新的投资管理机构应当接收并行使相应职责。

第三十三条 投资管理机构及其董事、监事、管理人员和其他从业人员不得有下列行为：

（一）将其固有财产或者他人财产混同于养老基金资产从事证券投资。

（二）不公平对待养老基金资产与其管理的其他财产。

（三）不公平对待其管理的不同养老基金资产。

（四）利用养老基金资产或者职务之便为他人谋取不正当利益。

（五）向受托机构违规承诺收益或者承担损失。

（六）侵占、挪用养老基金资产。

（七）泄露因职务便利获取的未公开信息，或者利用该信息从事或明示、暗示他人进行相关的交易活动。

（八）从事可能使养老基金资产承担无限责任的投资。

（九）法律、行政法规和国务院有关主管部门规定禁止的其他行为。

第六章　养老基金投资

第三十四条　养老基金限于境内投资。投资范围包括：银行存款，中央银行票据，同业存单；国债，政策性、开发性银行债券，信用等级在投资级以上的金融债、企业（公司）债、地方政府债券、可转换债（含分离交易可转换债）、短期融资券、中期票据、资产支持证券，债券回购；养老金产品，上市流通的证券投资基金，股票，股权，股指期货，国债期货。

第三十五条　国家重大工程和重大项目建设，养老基金可以通过适当方式参与投资。

第三十六条　国有重点企业改制、上市，养老基金可以进行股权投资。范围限定为中央企业及其一级子公司，以及地方具有核心竞争力的行业龙头企业，包括省级财政部门、国有资产管理部门出资的国有或国有控股企业。

第三十七条　养老基金投资比例，按照公允价值计算应当符合下列规定：

（一）投资银行活期存款，一年期以内（含一年）的定期存款，中央银行票据，剩余期限在一年期以内（含一年）的国债，债券回购，货币型养老金产品，货币市场基金的比例，合计不得低于养老基金资产净值的5%。清算备付金、证券清算款以及一级市场证券申购资金视为流动性资产。

（二）投资一年期以上的银行定期存款、协议存款、同业存单，剩余期限在一年期以上的国债，政策性、开发性银行债券，金融债，企业（公司）债，地方政府债券，可转换债（含分离交易可转换债），短期融资券，中期票据，资产支持证券，固定收益型养老金产品，混合型养老金产品，债券基金的比例，合计不得高于养老基金资产净值的135%。其中，债券正回购的资金余额在每个交易日均不得高于养老基金资产净值的40%。

（三）投资股票、股票基金、混合基金、股票型养老金产品的比例，合计不得高于养老基金资产净值的30%。

养老基金不得用于向他人贷款和提供担保，不得直接投资于权证，但因投资股票、分离交易可转换债等投资品种而衍生获得的权证，应当在权证上市交易之日起10个交易日内卖出。

（四）投资国家重大项目和重点企业股权的比例，合计不得高于养老基金资产净值的20%。

由于市场涨跌、资金划拨等原因出现被动投资比例超标的，养老基金投资比例调整应当在合同规定的交易日内完成。

第三十八条 养老基金资产参与股指期货、国债期货交易，只能以套期保值为目的，并按照中国金融期货交易所套期保值管理的有关规定执行；在任何交易日日终，所持有的卖出股指期货、国债期货合约价值，不得超过其对冲标的的账面价值。

第三十九条 根据金融市场变化和投资运营情况，国务院有关主管部门适时报请国务院对养老基金投资范围和比例进行调整。

第七章 估值和费用

第四十条 受托机构根据《企业会计准则第22号——金融工具确认和计量》、《证券投资基金会计核算业务指引》等规定，对养老基金进行会计核算和估值。

当月发生的委托投资资金划入、划出和投资收益分配，以上月末的估值结果作为核算依据。

第四十一条 托管机构提取的托管费年费率不高于托管养老基金资产净值的0.05%。

第四十二条 投资管理机构提取的投资管理费年费率不高于投资管理养老基金资产净值的0.5%。

受托机构应当在投资管理合同中规定投资管理机构的业绩基准，制定绩效考核办法。

第四十三条 根据养老基金管理情况，国务院有关主管部门适时对托管费、投资管理费率进行调整。

第四十四条 受托机构按照养老基金年度净收益的1%提取风险准备金，专项用于弥补养老基金投资发生的亏损。余额达到养老基金资产净值5%时可不再提取。

风险准备金与本金一起投资运营，单独记账，归委托人所有。

第八章 报告制度

第四十五条 受托机构、托管机构、投资管理机构应当按照本办法的规定报告养老基金投资运营的情况，保证报告内容没有虚假记载、误导性陈述或者重大遗漏，并对报告内容的真实性、完整性负责。

第四十六条 受托机构要按下列要求进行信息披露和报告有关事项：

（一）每年一次向社会公布养老基金资产、收益等财务状况。

（二）向委托人和国务院有关主管部门每季度提交养老基金财务会计报告、投资资产、收益等情况报告。

（三）向委托人和国务院有关主管部门、经济综合部门报送养老基金资产年度审计报告。

（四）养老基金发生重大事件的，应立即报告委托人和国务院有关主管部门，并编制临时报告书，经核准后予以公告。

第四十七条 托管机构应当按照托管合同和受托机构的要求，向受托机构提交养老基金托管月度报告、季度报告和年度报告；如发生特殊情况，还应当提供临时报告或者进行重大信息披露。托管机构应当对投资管理机构编制报告的有关内容进行复核，并根据需要出具复核意见。

第四十八条 投资管理机构应当按照投资管理合同及受托机构的要求，向受托机构提交养老基金投资运营月度报告、季度报告和年度报告；如发生特殊情况，还应当提供临时报告或者进行重大信息披露。

第四十九条 托管机构、投资管理机构应当向国务院有关主管部门提交养老基金季度报告和年度报告。

第五十条 有下列情形之一的，托管机构、投资管理机构应当及时向受托机构和国务院有关主管部门报告：

（一）减资、合并、分立、依法解散、被依法撤销、决定申请破产或者被申请破产的。

（二）涉及重大诉讼或者仲裁的。

（三）董事长、总经理及其他高级管理人员发生变动的。

（四）托管合同、投资管理合同规定的其他报告事项。

第五十一条 受托机构应当将委托管理合同、托管合同、投资管理合同报国务院有关主管部门备案。

第九章 监督检查

第五十二条 人力资源社会保障部、财政部依法对受托机构、托管机构、投资管理机构及相关主体开展养老基金投资管理业务情况实施监管，加强投资风险防范。

人民银行、银监会、证监会、保监会按照各自职责，对托管机构、投资管理机构的经营活动进行监督。

相关部门在监督过程中应加强沟通与信息共享。

第五十三条 人力资源社会保障部、财政部开展调查或者检查应当由两人以上进行，并出示有效证件，承担下列义务：

（一）依法履行职责，秉公执法，不得利用职务之便谋取私利。

（二）保守在调查或者检查时知悉的商业秘密。

（三）为举报人保密。

第五十四条 受托机构、托管机构、投资管理机构和其他为养老基金投资管理提供服务的自然人、法人或者其他组织应当积极配合监督检查，如实提供有关文件和资料，不得拒绝、阻挠或者逃避检查，不得谎报、隐匿或者销毁相关证据材料。

第五十五条 受托机构、托管机构、投资管理机构管理运营养老基金资产，其他自然人、法人或者组织为养老基金投资运营提供服务，应当严格遵守相关职业准则和行业规范，履行诚实信用、谨慎勤勉的义务。

第五十六条 养老基金投资管理从业人员应当遵守法律、行政法规和相关规章制度，恪守职业道德和行为规范。

第五十七条 养老基金投资运营情况应当通过报刊、网站等媒体定期向社会公布，保障公众知情权，接受社会监督。

任何组织和个人有权对违法违规行为进行举报、投诉，有关主管部门应当认真调查处理。

第十章 法律责任

第五十八条 受托机构及其董事（理事）、监事、管理人员和其他从业人员有本办法第十九条所列行为之一的，责令改正，给予警告，有违法所得的，没收违法所得。对直接负责的主管人员和其他直接责任人员给予相应处分，由所在机构暂停或者撤销其养老基金投资管理职务。

第五十九条 托管机构、投资管理机构及其董事、监事、管理人员和其他从业人员有本办法第二十五条和第三十三条所列行为之一的，责令改正，给予警告，并可暂停其接收新的养老基金托管或者投资管理业务。有违法所得的，没收违法所得，处以托管机构、投资管理机构违法所得 1 倍以上 5 倍以下管理费扣减；没有违法所得的，处以托管机构、投资管理机构 50 万元以下管理费扣减，情节严重的，可处以 50 万元以上、100 万元以下管理费扣减。对直接负责的主管人员和其他直接责任人员给予警告，由所在机构暂停或者撤销其养老基金投资管理职务。

第六十条 投资管理机构违反本办法第三十七条和第三十八条规定，超出投资范围或者违反投资比例规定进行投资的，责令改正，给予警告，并可暂停其接收新的养老基金投资管理业务，同时处以50万元以下管理费扣减。对直接负责的主管人员和其他直接责任人员给予警告，由所在机构暂停或者撤销其养老基金投资管理职务。

第六十一条 托管机构、投资管理机构未能按照规定提供报告或者提供报告有虚假记载、误导性陈述、重大遗漏的，责令限期改正；逾期不改正的，给予警告，并处以10万元以下管理费扣减。

第六十二条 托管机构、投资管理机构违反本办法其他有关规定的，责令限期改正。逾期不改正的，给予警告，并可暂停其接收新的养老基金托管或者投资管理业务。

第六十三条 托管机构、投资管理机构受到3次以上警告的，由受托机构终止其养老基金托管或者投资管理职责，3年内不得再次申请。

第六十四条 受托机构、托管机构、投资管理机构及其董事（理事）、监事、管理和从业人员侵占、挪用养老基金资产取得的财产和收益，归入基金资产。

第六十五条 托管机构、投资管理机构违反本办法规定，给养老基金资产或者委托人造成损失的，应当分别对各自的行为依法承担赔偿责任；因共同行为给养老基金资产或者委托人造成损失的，应当承担连带赔偿责任；除依法给予处罚外，由受托机构终止其养老基金托管或者投资管理职责，5年内不得再次申请。

第六十六条 会计师事务所等服务机构出具的文件有虚假记载、误导性陈述或者重大遗漏的，责令限期改正，没收业务收入，并依法处以业务收入1倍以上5倍以下的罚款；对直接负责的主管人员和其他直接责任人员给予警告。

第六十七条 国家工作人员在养老基金投资管理、监督工作中滥用职权、玩忽职守、徇私舞弊的，依法追究责任。

第六十八条 本办法规定的处罚，由人力资源社会保障部、财政部或者人民银行、银监会、证监会、保监会按照各自职责作出决定。对违反本办法规定的同一行为，不得给予两次以上的处罚。

第六十九条 对违反本办法规定进行养老基金投资运营的相关单位和责任人，记入信用记录并纳入全国统一信用信息共享交换平台。

第七十条 违反本办法规定，情节严重，构成犯罪的，依法追究刑事责任。

第十一章 附 则

第七十一条 本办法由人力资源社会保障部、财政部会同有关部门负责组织实施。

第七十二条 本办法自印发之日起施行。

国务院关于激发重点群体活力带动城乡居民增收的实施意见

（2016 年 10 月 10 日　国发〔2016〕56 号）

各省、自治区、直辖市人民政府，国务院各部委、各直属机构：

提高城乡居民收入是全面建成小康社会的重要内容，体现社会主义本质的必然要求。党的十八大提出，要千方百计增加居民收入。党的十八届三中全会提出，要形成合理有序的收入分配格局。党的十八届五中全会提出，在提高发展平衡性、包容性、可持续性的基础上，到 2020 年国内生产总值和城乡居民人均收入比 2010 年翻一番。按照党中央、国务院决策部署，为营造激励奋发向上的公平环境，拓宽就业渠道，促进各类社会群体依靠自身努力和智慧，创造社会财富，共享发展红利，现提出以下实施意见。

一、总体要求

（一）基本形势

改革开放以来，我国城乡居民收入保持持续较快增长，收入分配结构呈现向好趋势。从放权让利到允许一部分人、一部分地区先富起来，到要素参与分配，适应我国国情的分配制度基本确立，收入分配政策推动了经济社会发展，促进了各类社会群体依靠自身努力和智慧，创造社会财富，共享发展红利，为深化改革开放注入了动力和活力。

当前，经济运行的新常态特征更加明显，新技术、新产业、新业态加速成长，培育壮大新动能，改造提升传统动能，正在不断创造出新的就业岗位，为促进城乡居民收入稳定增长提供了有力支撑。但受国内外多重因素影响，经济下行压力也正在向收入分配领域传导。既要降低经济运行成本、保持经济中高速增长，又要提高居民收入、不断增进人民福祉，实现居民收入增长和经济增长同步、劳动报酬提高和劳动生产率提高同步任重而道远。同时，部分劳动者人力资本积累不足、增收困难，部分市场主体等待观望，部分地区行业收入增长潜在动能不强，部分收入分配政策指向宽泛、聚焦不够。为推动解决相关问题，必须进一步深化收入分配制度改革，调整优化收入分配政策，拓宽就业创业渠道，努力营造激励奋发向上的公平环境。

（二）指导思想

全面贯彻落实党的十八大和十八届三中、四中、五中全会精神，深入贯彻习近平总书记系列重要讲话精神，统筹推进“五位一体”总体布局，协调推进“四个全面”战略布局，牢固树立和贯彻落实创新、协调、绿色、开放、共享的发展理念，按照党中央、国务院决策部署，坚持以人民为中心的发展思想，做到发展为了人民、发展依靠人民、发展成果由人民共享。围绕加快实施创新驱动发展战略、推动大众创业万众创新、培育发展新动能、改造提升传统动能，着力推进供给侧结构性改革，不断深化简政放权、放管结合、优化服务改革，进一步深化收入分配制度改革，强化收入分配政策激励导向，分群体施策，不断激发全体劳动者的积极性、主动性、创造性，实现经济增长与居民增收互促共进，使全体人民在共建共享发展中有更多获得感，朝着共同富裕方向稳步前进。

（三）基本原则

坚持多种激励方式相结合。物质激励和精神激励并用，综合运用增加薪资报酬、强化权利保护、优化评优奖励、提升职业技能、增进社会认同等多种激励手段，调动不同群体的积极性、主动性和创造性。完善绩效考核制度，将激励与考核挂钩。

坚持多条增收渠道相结合。多管齐下，不断拓展居民增收渠道，努力提高工资性、经营性收入，合理提高转移性收入，有效保护股权、债权、物权和知识产权等无形财产权益，着力增加居民财产性收入。

坚持促增收与降成本相结合。有效降低社会保险费率等劳动用工成本和阻碍劳动力流动的制度成本，助力各类市场主体轻装上阵，增加就业吸纳能力，切实将居民收入提高建立在经济发展质量效益提升、劳动生产率提高、企业综合成本降低的基础上。

坚持鼓励创收致富与缩小收入差距相结合。在初次分配中鼓励全体劳动者通过诚实劳动、辛勤劳动、创造性劳动创收致富，同时完善税收、社会保障等再分配调节手段，规范收入分配秩序，切实保障困难群众基本生活，有效抑制通过非市场因素获利，不断缩小不同群体间的收入差距。

坚持积极而为与量力而行相结合。在集中更多财力保障民生的同时，综合考虑国情、发展阶段、经济周期等因素，制定财力支撑可持续、社会预期可把握的目标任务和政策措施，不吊胃口、不养懒汉，切实将福利水平提高建立在经济和财力可持续增长的基础上，通过大众创业万众创新激发创造活力，增强居民收入增长的可持续性。

（四）主要目标

到2020年，城镇就业规模逐步扩大，劳动生产率不断提高，就业质量稳步提升；城乡居民人均收入比2010年翻一番；宏观收入分配格局持续优化，居民可支配收入占国内生产总值（GDP）的比重继续提高；居民内部收入差距持续缩小，中等收入者比重上升，现行标准下农村贫困人口全部实现脱贫，共建共享的格局初步形成。

二、实施七大群体激励计划

瞄准技能人才、新型职业农民、科技人员等增收潜力大、带动能力强的七大群体，深化收入分配制度改革，在发展中调整收入分配结构，推出差别化收入分配激励政策。持续推动大众创业万众创新，创造更大市场空间和更多就业岗位，着力营造公开公平公正的体制机制和竞争环境，不断培育和扩大中等收入群体，逐步形成合理有序的收入分配格局，带动城乡居民实现总体增收。

（一）技能人才激励计划

完善多劳多得、技高者多得的技能人才收入分配政策，引导加大人力资本投资，提高技能人才待遇水平和社会地位，大力弘扬新时期工匠精神，培养高水平大国工匠队伍，带动广大产业工人增技能、增本领、增收入。

完善技术工人薪酬激励机制。优化职业技能标准等级设置，向上增加等级级次，拓宽技术工人晋升通道。引导企业合理确定技术工人薪酬水平，促进高等级技术工人薪酬水平合理增长。加大对技能要素参与分配的激励力度，探索建立企业首席技师制度，鼓励企业采取协议薪酬、持股分红等方式，试行年薪制和股权制、期权制，提高技能人才收入水平。

贯通职业资格、学历等认证渠道。统筹考虑技能培训、职业教育和高等教育，建立职业资格与相应的职称、学历可比照认定制度。完善职业资格与职业教育学历“双证书”制度。研究制定高技能人才与工程技术人才的职业发展贯通办法。健全青年技能人才评价选拔制度，适当突破年龄、资历和比例等限制，完善高技能人才评价使用机制。

营造崇尚技能的社会氛围。定期组织开展全国性或区域性技术大赛或岗位练兵，大力宣传劳动模范、大国工匠和技术创新人才。鼓励地方对重点领域紧缺的技术工人在大城市落户、购租住房、子女上学等方面予以支持。培育精益求精的工匠精神，支持技能人才分享品质品牌增值收益。

（二）新型职业农民激励计划

在加快推进新型城镇化、有序推进农业转移人口市民化的同时，加大对新型职业农民的培育和支持力度，加快职业化进程，带动广大农民共享现代化成果。

提高新型职业农民增收能力。将新型职业农民培育纳入教育培训发展相关规划，支持职业学校办好涉农专业，定向培养新型职业农民，完善国家助学和培训补贴政策，鼓励农民通过“半农半读”等方式就地就近接受职业教育培训。继续实施新型职业农民培育工程、现代青年农场主计划等项目，启动新型农业经营主体带头人轮训计划，努力提高妇女参训比例。

挖掘现代农业增收潜力。鼓励农民采用节本增效技术，培育农业社会化服务组织，支持农业废弃物资源化利用，降低农业生产成本。加快建立农业信贷担保体系，改进农业保险产品和服务，支持农民发展现代农业。完善农产品初加工补助政策，促进农产品深加工向优势产区和关键物流节点集中，支持优势产区产地批发市场建设，延长农业产业链条。扶持发展一乡（县）一业、一村一品，培育农业科技创新应用企业集群，引导产业集聚发展。推动“互联网+”现代农业，大力发展农产品电子商务，探索农业新型业态。推动农业全产业链改造升级，鼓励农民共享一二三产业融合发展的增值收益，增加经营性收入。

拓宽新型职业农民增收渠道。积极培育家庭农场、专业大户、农民合作社、农业企业等新型农业经营主体和农业社会化服务主体，发展适度规模经营。支持农民工、大学生等人员返乡创业，推进土地经营权入股发展农业产业化经营试点。稳步推进农村集体产权制度改革，发展多种形式的股份合作，推进农村集体资产股份权能改革试点，完善农村集体经济组织相关政策和法律规定，发展壮大农村集体经济，探索将财政资金投入农业农村形成的经营性资产折股量化到户。加快推进农村土地征收、集体经营性建设用地入市、宅基地制度改革试点，多渠道增加农民集体和个人分享的增值收益、股权收益、资产收益。

（三）科研人员激励计划

深化事业单位分类改革，实行以增加知识价值为导向的激励机制，提高科研人员成果转化收益分享比例，通过工资性收入、项目激励、成果转化奖励等多重激励引导科研人员潜心研究工作，激发科技创新热情。

完善工资水平决定机制。在加强行业薪酬调查和信息发布基础上，探索建立体现行业特点的高校、科研机构薪酬调查比较制度。鼓励科研事业单位聘用高端科研人员实行协议薪酬。赋予科研单位更大的人财物支配权，保障科研人员的合理工资待遇水平。

改进科研项目及其资金管理。发挥科研项目资金对科研人员的激励引导作用。全面取消劳务费比例限制，调整劳务费开支范围。完善间接费用管理，项目承担单位结合一线科研人员实际贡献公开公正安排绩效支出。改进项目结转结余资金管理办法。下放科研项目部分经费预算调整审批权，砍掉科研管理中的繁文缛节，推行有利于人才创新的经费审计方式，充分尊重智力劳动的价值和科研规律。

健全绩效评价和奖励机制。深入落实促进科技成果转化法，完善单位内部科技成果转化中对科研人员进行现金和股权、期权奖励办法。实施国有科技型企业股权和分红激励。探索完善科研人员股权奖励个人所得税递延纳税政策。鼓励企事业单位提供资金、资源支持职工创新，营造宽容失败、勇于突破的创新氛围。鼓励社会资本设立专项奖励基金，补偿优秀科研人员的智力投入。多渠道募资，加大对基础性和前沿性科研课题的长期资助力度，加大对青年科研人才的创新奖励力度。对社会科学研究机构和智库推行政府购买服务制度。加大对科技创新成果的知识产权保护力度。

（四）小微创业者激励计划

进一步降低创业成本，健全创新创业成果利益分配机制，在更大范围、更高层次、更深程度上推进大众创业万众创新，引导和支持小微创业者在“双创”中实现创收致富。

清除创业壁垒，提升创业参与率。深化商事制度改革，支持各地结合实际放宽新注册企业场所登记条件限制，推动“一址多照”、集群注册等住所登记改革。优化审批流程，推行“一表申请、一窗受理、一次告知”。

加大扶持力度，提高创业成功率。支持并规范多层次、专业化创业服务平台建设，建设一批高水平的“双创”示范基地。完善通过政府采购促进中小企业发展的政策措施，通过评审优惠、预留份额等方式对包括初创企业在内的小微企业加大扶持力度。落实扶持创业的各项优惠政策。对创业失败的失业登记人员及时提供各种就业服务。

探索创业成果利益分配机制。进一步完善创新型中小企业上市股权激励和员工持股计划的制度规则。研究完善商业模式知识产权保护制度，研究制定文化创意等创新成果保护办法，加大小微企业知识产权维权援助工作力度。加快建设全国知识产权运营公共服务平台，完善知识产权质押融资等金融服务机制。依法查处垄断行为，鼓励龙头企业与小微创业者探索分享创业成果新模式，支持有实力的企业承担技术服务、信息服务等公共平台功能。支持自由职业者的智力创造和高端服务，使其能够获得与智力付出相匹配的合理回报。

（五）企业经营管理人员激励计划

完善产权保护制度、依法保护产权，进一步稳定预期、优化环境，激发企业家创业热情，推动经济增长、就业增加、效益提升、职工增收实现良性互动。

完善国有企业经营管理人员激励方式。完善对组织任命的国有企业负责人的薪酬激励机制，合理确定基本年薪、绩效年薪和任期激励收入。研究制定在国有企业建立职业经理人制度的指导意见，对市场化选聘的职业经理人实行市场化薪酬分配机制，采取多种方式探索完善中长期激励机制。稳妥有序推进混合所有制企业员工持股试点，探索通过实行员工持股建立激励约束长效机制。

强化民营企业家创业激励。消除各种隐性壁垒，解决政策执行中存在的“玻璃门”“弹簧门”“旋转门”等问题，鼓励民营企业家扩大投资，参与国有企业改革。坚持依法平等保护产权，严肃查处侵犯非公有制企业和个人合法权益、合法经营、合法收入的行为，营造公平、公正、透明、稳定的法治化环境。规范司法程序，严格执行先定罪后没收或处置嫌疑人财产的规定，最大限度减少对涉案非公有制企业正常生产经营活动的影响。减少对企业点对点的直接资助，增加普惠性政策，促进公平竞争。

（六）基层干部队伍激励计划

完善工资制度，健全不同地区、不同岗位差别化激励办法，建立阳光化福利保障制度，充分调动基层干部队伍工作积极性，同步完善相关人员激励机制。

完善工资制度。提高基本工资在工资性收入中的比重，落实基本工资正常调整机制。完善作为激励手段和收入补充的津贴补贴制度。落实艰苦边远地区津贴标准正常调整机制。实施地区附加津贴制度，根据地区经济社会发展、物价消费水平等差异，适当参考企业相当人员工资水平，将规范后的工作性津贴和生活性补贴纳入地区附加津贴，实现同城同待遇。推进公务员工资调整制度化，定期开展公务员和企业相当人员工资水平的调查比较。

健全差别化激励机制。建立健全公务员绩效考核体系，考核结果与工资收入挂钩。完善公务员奖金制度，强化省级政府统筹调控责任。赋予地方一定的考核奖励分配权，重点向基层一线人员和业绩突出人员倾斜。完善公务员职务与职级并行制度，充分发挥职级对基层公务员的激励作用。

明确福利标准和保障范围。明确应享有的各项福利待遇名称、发放标准及发放范围。推进公务员职务消费和福利待遇货币化改革，规范改革性补贴，形成以货币福利为主，实物福利为补充的福利体系，实现阳光透明操作，接受社会监督。符合条件的乡镇公务员可以按规定纳入当地住房保障范围，为符合条件的公立医院医务人员就近提供公租房保障。

（七）有劳动能力的困难群体激励计划

鼓励引导低保对象、建档立卡贫困人口以及残疾人等困难群体中具备劳动能力和劳动条件者提升人力资本，主动参加生产劳动，通过自身努力增加收入。

推进产业扶贫济困。实施贫困村“一村一品”产业推进行动。强化贫困地区农民合作社、龙头企业与建档立卡贫困户的利益联结机制。深入实施电商、旅游、光伏扶贫工程。加大对贫困地区农产品品牌推介营销支持力度。引导和支持贫困地区青年通过发展电子商务增收致富。

建立低保与就业联动机制。鼓励、引导具备就业能力的困难人员积极就业，增强其就业动力。对实现就业的低保对象，在核算其家庭收入时，可扣减必要的就业成本。具备劳动能力、劳动条件但未就业的低保对象，无正当理由连续3次拒绝接受有关部门介绍的与其健康状况、劳动能力相适应的工作的，可减发或停发其本人的低保金。

完善相关专项救助制度。加强专项救助制度与低保救助制度的统筹衔接，在重点保障城乡低保对象、特困人员的基础上，将医疗、教育、住房等专项救助向建档立卡贫困户家庭、低收入家庭或其他有特殊困难的家庭延伸，形成阶梯式救助模式。

三、实施六大支撑行动

坚持按劳分配为主体、多种分配方式并存，坚持初次分配和再分配调节并重，完善劳动、资本、知识、技术、管理等要素按贡献参与分配的初次分配机制，健全以税收、社会保障、转移支付为主要手段的再分配调节机制，以就业促进、技能提升、托底保障、增加财产性收入、收入分配秩序规范、收入监测为重点，制定综合配套政策，为实现城乡居民增收提供服务支撑、能力支撑和技术支撑。

（一）就业促进行动

全面提升就业岗位创造能力。推动经济向中高端水平迈进、生产制造向生产服务延伸，创造更多高质量的就业机会。鼓励新型劳动密集产业发展，引导和支持沿海劳动密集型产业向中西部地区有序转移。鼓励发展家政、养老、护理等生活性服务业和手工制作等民族地区特色产业，吸纳更多中低技能劳动者特别是建档立卡贫困户家庭劳动者就业。推动上游能源原材料行业脱困发展，稳定就业岗位。大力发展城乡社区服务，扩大劳动力市场的包容性。

有效提升劳动力市场流动能力。推进户籍、住房、教育、社会保障等制度改革，消除制约劳动力流动就业的体制机制障碍。充分发挥中心城市、新兴产业带动效应，吸纳更多困难地区、困难行业劳动力跨地区、跨行业、跨所有制流动就业。总结推广返乡创业试点经验，引导劳动力由东向西、由劳务输入地向输出地回流，创造更多就地就近就业机会。

不断提升劳动力市场供求匹配能力。健全覆盖城乡的公共就业创业服务体系，全面提升公共就业创业服务水平。完善失业登记办法，建立健全公共就业服务提供机制，保障城镇常住人员享有与本地户籍人员同等的劳动就业权利。加强人力资源市场建设，探索利用移动互联网等现代信息技术手段及时发布劳动力市场供求信息，全面提高公共就业服务效能。积极打造人力资源服务全产业链，在产业集聚、创业创新集中地区，支持建设一批包括招聘、培训、薪酬、咨询、健康服务等多位一体、一站式管理、订单式服务的人力资源产业园。

（二）职业技能提升行动

加强职业技能实训基地建设。分类指导建设一批布局合理、功能突出、高效实用的多层次职业技能实训基地。加大政府支持力度，鼓励社会投资，放宽职业技能培训教育机构外资准入限制，改善实训条件，提高实训效能。

推行企业新型学徒制。企校结合，推行以“招工即招生、入企即入校、企校双师联合培养”为主要内容的企业新型学徒制。实施技师培训项目，加快急需紧缺工种高技能人才培养，为培育支柱产业和战略性新兴产业提供人才支撑。

完善职业技能培训体系。实施以新生代农民工为重点的职业技能提升计划，开展农村贫困家庭子女、未升学初高中毕业生、农民工、退役军人免费接受职业培训行动。以就业为导向对困难人员实施职业培训，把职业技能培训和推荐就业安置紧密结合起来。加大青年就业见习工作力度，帮助青年获得相应工作经验或经历，提高就业竞争力。

（三）托底保障行动

完善基本生活保障制度。完善最低工资保障制度。加大转移支付力度，着力提高低收入者收入。健全低保制度，完善低保对象认定办法，建立健全低保标准动态调整机制，在保障家庭基本生活的同时，兼顾就业激励目标。

提升精准兜底保障能力。完善多层次的救助体系，积极发展医疗、教育、住房、就业等专项救助和临时救助，确保面临特定困难的人员获得相应救助。探索将支出型贫困家庭纳入救助范围。

扩大基本保障覆盖范围。完善社会保障制度，实施全民参保计划，基本实现法定人员全覆盖。将城镇私营单位在岗职工平均工资纳入缴费基数统计口径范围，形成合理的社会保险和住房公积金缴费基数，避免对低收入群体的制度性挤出。划转部分国有资本充实社保基金，加大国有资本收益补贴社会保障力度，化解社会保险基金缺口等长期风险。积极发展慈善事业。

（四）财产性收入开源清障行动

拓宽居民财产投资渠道。在风险可控的前提下，加快发展直接融资，促进多层次资本市场平稳健康发展。加强金融产品和金融工具创新，改善金融服务，向居民提供多元化的理财产品，满足居民日益增长的财富管理需求。

加强对财产性收入的法治保障。加强资本市场诚信和透明度建设，完善上市公司信息披露、财务管理和分红制度，切实维护中小投资者利益。在拆迁、征地、征用公民财产过程中，依法保护公民财产权利不受侵犯。

合理调节财产性收入。平衡劳动所得与资本所得税负水平，着力促进机会公平，鼓励更多群体通过勤劳和发挥才智致富。完善资本所得、财产所得税收征管机制。

（五）收入分配秩序规范行动

规范现金管理。推行非现金结算。全面推行银行代发工资模式。

堵塞非正规收入渠道。继续遏制以权力、行政垄断等非市场因素获取收入，取缔非法收入。

进一步发挥税收调节收入分配的作用。健全包括个人所得税在内的税收体系，逐步建立综合和分类相结合的个人所得税制度，进一步减轻中等以下收入者税收负担，发挥收入调节功能，适当加大对高收入者的税收调节力度。完善鼓励回馈社会、扶贫济困的税收政策。

（六）收入监测能力提升行动

建立个人收入和财产信息系统。在确保信息安全和规范利用的前提下，多渠道、多层级归集居民和非居民个人的收入、财产等相关信息，运用大数据、云计算等技术，创新收入监测方式方法，提升居民收入信息监测水平。

完善收入分配统计与核算。完善居民收入分配相关统计指标，增加群体分类。加快建立电子化居民收入调查统计系统。加强中等收入者标准研究。加强国民总收入（GNI）核算和境外净要素收入统计。

建立收入分配政策评估体系。建立宏观经济、相关政策和微观数据的综合评估机制，对有关政策的执行情况和效果进行评估。借鉴国际经验，引入收入分配微观模拟模型。

四、强化组织实施

（一）加强协调配合。充分发挥深化收入分配制度改革部际联席会议的统筹协调作用，形成政策合力，将重点群体增收激励计划落到实处。各地区可根据实际情况，研究制定本地区促进居民增收的具体办法，建立健全统筹协调工作机制，对重点群体实施精准激励。

（二）鼓励先行先试。选择部分省（区、市）开展城乡居民增收综合配套政策试点。选择部分地区和科研单位开展专项激励计划和收入监测试点。定期总结试点经验，重点提出可复制、可推广的经验做法和政策措施。

（三）加强督查考核。各地区、各部门要把落实收入分配政策、增加城乡居民收入作为重要任务，对各项具体细化措施和试点方案建立评估评价机制，每年进行专项和综合考核。深化收入分配制度改革部际联席会议要适时组织开展专项督查，确保各项政策措施落到实处。

（四）加强舆论引导。营造鼓励增收致富的良好社会环境，大力弘扬勤劳致富精神，加强依法保护产权、弘扬企业家精神、改善民生等方面的舆论引导，做好政策解读和宣传，不断激发全体劳动者的积极性、主动性、创造性。

国务院关于印发划转部分国有资本充实社保基金实施方案的通知

（2017 年 11 月 9 日　国发〔2017〕49 号）

各省、自治区、直辖市人民政府，国务院各部委、各直属机构：

现将《划转部分国有资本充实社保基金实施方案》印发给你们，请认真贯彻执行。

划转部分国有资本充实社保基金实施方案

党中央、国务院高度重视社会保障体系建设。我国统一的企业职工基本养老保险制度建立以来，以确保企业离退休人员基本养老金按时足额发放为中心，参保范围不断扩大，基金征缴力度不断加强，各项工作取得明显成效，对建立社会主义市场经济体制、维护改革发展稳定大局、保障企业离退休人员权益发挥了重要作用。与此同时，在企业职工基本养老保险制度逐步完善过程中，受多种因素影响，形成了一定的企业职工基本养老保险基金缺口。随着经济社会发展和人口老龄化加剧，基本养老保险基金支付压力不断加大，为充分体现代际公平和国有企业发展成果全民共享，现决定划转部分国有资本充实社保基金，具体方案如下。

一、指导思想

全面贯彻落实党的十九大精神，深入贯彻习近平新时代中国特色社会主义思想，认真落实党中央、国务院决策部署，按照

《中共中央 国务院关于深化国有企业改革的指导意见》和基本养老保险制度改革有关要求，在推动国有企业深化改革的同时，通过划转部分国有资本充实社保基金，使全体人民共享国有企业发展成果，增进民生福祉，促进改革和完善基本养老保险制度，实现代际公平，增强制度的可持续性。

二、基本原则

坚持目标引领，与基本养老保险制度改革目标紧密结合。基本养老保险制度改革是系统工程，应统筹兼顾，考虑长远，力求在公共财政适度支持的情况下实现精算平衡。划转部分国有资本，基本目标是弥补因实施视同缴费年限政策形成的企业职工基本养老保险基金缺口，促进建立更加公平、更可持续的养老保险制度。

坚持系统规划，与深化国有企业改革目标紧密结合。统筹考虑划转部分国有资本的目标、企业职工基本养老保险基金缺口成因、国有资本现状和企业发展需要，科学界定划转范围，合理确定划转比例。

坚持立足长远，与弥补企业职工基本养老保险基金缺口的目标相结合。通过划转实现国有资本多元化持有，但不改变国有资本属性。划转承接主体作为财务投资者，管理运营所划入的国有资本，建立国有资本划转和企业职工基本养老保险基金缺口逐步弥补相结合的运行机制。

坚持独立运营，与社保基金多渠道筹集的政策目标相结合。划转的国有资本具有充实社保基金的特定用途和政策目标，运营收益根据基本养老保险基金的支出需要上缴，专项用于弥补企业职工基本养老保险基金缺口。划转的国有资本应集中持有，独立运行，单独核算，接受考核和监督。

三、划转范围、对象、比例和承接主体

（一）划转范围。将中央和地方国有及国有控股大中型企业、金融机构纳入划转范围。公益类企业、文化企业、政策性和开发性金融机构以及国务院另有规定的除外。

（二）划转对象。中央和地方企业集团已完成公司制改革的，直接划转企业集团股权；中央和地方企业集团未完成公司制改革的，抓紧推进改革，改制后按要求划转企业集团股权；同时，探索划转未完成公司制改革的企业集团所属一级子公司股权。全国社会保障基金因国有股权划转、投资等各种原因形成的上市企业和非上市企业股权除外。

（三）划转比例。首先以弥补企业职工基本养老保险制度转轨时期因企业职工享受视同缴费年限政策形成的企业职工基本养老保险基金缺口为基本目标，划转比例统一为企业国有股权的10%。今后，结合基本养老保险制度改革及可持续发展要求，若需进一步划转，再作研究。

（四）承接主体。划转的国有股权是基本养老保险基金的重要组成部分。划转的中央企业国有股权，由国务院委托社保基金会负责集中持有，单独核算，接受考核和监督。条件成熟时，经批准，社保基金会可组建养老金管理公司，独立运营划转的中央企业国有股权。

划转的地方企业国有股权，由各省级人民政府设立国有独资公司集中持有、管理和运营。也可将划转的国有股权委托本省（区、市）具有国有资本投资运营功能的公司专户管理。

四、划转程序

（一）按照中央企业国有股权划转的部署和步骤安排，国有资产监督管理机构负责提出本机构所监管企业拟划转股权的建议方案，由财政部会同有关部门审核确认。其中，国务院国资委监管的中央企业，由财政部会同人力资源社会保障部、国务院国资委审核确认；中央金融机构等由财政部会同人力资源社会保障部审核确认。

本方案所称国有资产监督管理机构，是指代表国务院和地方人民政府履行出资人职责的部门（机构）、负责监督管理行政事业单位所办企业国有资产和金融类企业国有资产的财政部门。

（二）根据经审核确认的划转方案，国有资产监督管理机构具体办理企业国有股权的划出手续，社保基金会相应办理股权划入手续，并对划入的国有股权设立专门账户管理。

地方企业国有股权划转工作比照中央企业办理。

（三）划转对象涉及多个国有股东的，由第一大股东的国有资产监督管理机构负责对国有股东身份和应划转股权进行初审，提交同级财政部门确认。国有股东分别属于中央和地方管理的，按第一大股东的产权归属关系，将应划转的国有股权统一划转至社保基金会或各省（区、市）国有独资公司等承接主体。

（四）划转上市公司国有股权的，国有资产监督管理机构应同时向中国证券登记结算有限责任公司下达国有股转持通知，并抄送社保基金会或各省（区、市）国有独资公司等承接主体。中国证券登记结算有限责任公司在收到国有股转持通知后15个工作日内，将应转持的国有股权，变更登记到社保基金会或各省（区、市）国有独资公司等承接主体。

（五）国有股权划转至社保基金会或各省（区、市）国有独资公司等承接主体后，相关企业应及时进行账务调整，并按规定做好国有资产产权变动登记工作。国有股权划出方应当就划转事项通知本企业债权人。涉及上市公司股份权益变动的，相关企业需按照证券监管有关规定，履行信息披露义务。

（六）国有资产监督管理机构负责向同级财政部门提供年度划转任务执行情况，财政部门逐级汇总后，由财政部会同人力资源社会保障部、国务院国资委、证监会、社保基金会上报国务院。

五、承接主体对国有资本的管理

（一）资本管理。社保基金会及各省（区、市）国有独资公司等承接主体作为财务投资者，享有所划入国有股权的收益权和处置权，不干预企业日常生产经营管理，一般不向企业派出董事。必要时，经批准可向企业派出董事。

对划入的国有股权，社保基金会及各省（区、市）国有独资公司等承接主体原则上应履行3年以上的禁售期义务，并应承继原持股主体的其他限售义务。在禁售期内，如划转涉及的相关企业上市，应承继原持股主体的禁售期义务。

（二）收益管理。对划入的国有股权，社保基金会及各省（区、市）国有独资公司等承接主体的收益主要来源于股权分红。除国家规定须保持国有特殊持股比例或要求的企业外，社保基金会及各省（区、市）国有独资公司等承接主体经批准也可以通过国有资本运作获取收益。

六、划转步骤

按照试点先行、分级组织、稳步推进的原则完成划转工作。

第一步，2017年选择部分中央企业和部分省份开展试点。中央企业包括国务院国资委监管的中央管理企业3至5家、中央金融机构2家。试点省份的划转工作由有关省（区、市）人民政府具体组织实施。

第二步，在总结试点经验的基础上，2018年及以后，分批划转其他符合条件的中央管理企业、中央行政事业单位所办企业以及中央金融机构的国有股权，尽快完成划转工作。各省（区、市）人民政府负责组织实施本地区地方国有企业的国有股权划转工作。

七、配套措施

（一）自本方案印发之日起，划转范围内企业实施重大重组，改制上市，或改组组建国有资本投资、运营公司等涉及国有股权变动的改革事项，企业改革方案应与国有资本划转方案统筹考虑。

（二）探索建立对划转国有股权的合理分红机制。社保基金会及各省（区、市）国有独资公司等承接主体持有的股权分红和运作收益，专项用于弥补企业职工基本养老保险基金缺口，不纳入国有资本经营预算管理。每年6月底前，社保基金会及各省（区、市）国有独资公司等承接主体应将上年度国有资本收益和分红情况报送同级财政、人力资源社会保障部门。

（三）社保基金会及各省（区、市）国有独资公司等承接主体持有的国有资本收益，由同级财政部门统筹考虑基本养老保险基金的支出需要和国有资本收益状况，适时实施收缴，专项用于弥补企业职工基本养老保险基金缺口。

国有资本运作管理办法和中央财政对收缴资金的具体使用办法等另行制定。

（四）自本方案印发之日起，《国务院关于印发减持国有股筹集社会保障资金管理暂行办法的通知》（国发〔2001〕22号）和《财政部 国资委 证监会 社保基金会关于印发〈境内证券市场转持部分国有股充实全国社会保障基金实施办法〉的通知》（财企〔2009〕94号）等现行国有股转（减）持政策停止执行。

八、组织实施

划转部分国有资本充实社保基金，是基本养老保险制度改革和国有企业改革的重要组成部分，是保障和改善民生的重要举措。国务院国有企业改革领导小组要加强统筹协调、督促落实。财政部、人力资源社会保障部、国务院国资委、证监会、社保基金会等部门要各司其职，密切配合，出台配套制度办法，加强对本方案执行的支持和指导，做好方案实施的监督评估工作。各有关部门和机构要高度重视划转工作，统筹规划，周密安排，落实责任，有序实施。各省（区、市）人民政府对本地区划转工作负总责，要结合实际抓紧制订具体落实方案，确保按要求完成划转目标任务。

国务院关于国务院机构改革涉及行政法规规定的行政机关职责调整问题的决定

（2018 年 5 月 24 日　国发〔2018〕17 号）

各省、自治区、直辖市人民政府，国务院各部委、各直属机构：

为贯彻党的十九大和十九届二中、三中全会精神，根据第十三届全国人民代表大会第一次会议批准的《国务院机构改革方案》，按照第十三届全国人民代表大会常务委员会第二次会议审议通过的《全国人民代表大会常务委员会关于国务院机构改革涉及法律规定的行政机关职责调整问题的决定》确定的原则，平稳有序调整行政法规规定的行政机关职责和工作，确保行政机关依法履行职责、开展工作，推进国家机构设置和职能配置优化协同高效，现就国务院机构改革涉及行政法规规定的行政机关职责调整问题作出如下决定：

一、现行行政法规规定的行政机关职责和工作，《国务院机构改革方案》确定由组建后的行政机关或者划入职责的行政机关承担的，在有关行政法规规定尚未修改或者废止之前，调整适用有关行政法规规定，由组建后的行政机关或者划入职责的行政机关承担；相关职责尚未调整到位之前，由原承担该职责和工作的行政机关继续承担。

地方各级行政机关承担行政法规规定的职责和工作需要进行调整的，按照上述原则执行。

二、行政法规规定上级行政机关对下级行政机关负有批准、备案、复议等管理监督指导等职责的，上级行政机关职责已调整到位、下级行政机关职责尚未调整到位的，由《国务院机构改革方案》确定承担该职责的上级行政机关履行有关管理监督指导等职责。

三、实施《国务院机构改革方案》需要制定、修改、废止行政法规，或者需要由国务院作出相关决定的，国务院有关部门应当及时提出意见和建议，司法部起草草案后，依照法定程序报国务院审批。

四、实施《国务院机构改革方案》需要修改或者废止部门规章和规范性文件的，国务院有关部门要抓紧清理，及时修改或者废止。相关职责已经调整，原承担该职责和工作的行政机关制定的部门规章和规范性文件中涉及职责和工作调整的有关规定尚未修改或者废止之前，由承接该职责和工作的行政机关执行。

五、各级行政机关要精心组织，周密部署，确保行政机关履行法定职责、开展工作的连续性、稳定性、有效性，特别是做好涉及民生、应急、安全生产等重点领域工作。上级行政机关要加强对下级行政机关的监督指导，划入、划出职责的部门要主动衔接，加强协作，防止工作断档、推诿扯皮、不作为、乱作为，切实保障公民、法人和其他组织的合法权益。

国务院关于建立企业职工基本养老保险基金中央调剂制度的通知

（2018年5月30日　国发〔2018〕18号）

各省、自治区、直辖市人民政府，国务院各部委、各直属机构：

根据党中央、国务院决策部署和《中华人民共和国社会保险法》有关要求，为深入贯彻习近平新时代中国特色社会主义思想和党的十九大精神，均衡地区间企业职工基本养老保险基金（以下简称养老保险基金）负担，实现基本养老保险制度可持续发展，国务院决定建立养老保险基金中央调剂制度，自2018年7月1日起实施。现就有关事项通知如下：

一、总体要求

（一）指导思想。

全面贯彻党的十九大和十九届二中、三中全会精神，以习近平新时代中国特色社会主义思想为指导，坚持党的基本理论、基本路线、基本方略，牢固树立和贯彻落实新发展理念，统筹推进"五位一体"总体布局和协调推进"四个全面"战略布局，紧扣满足人民日益增长的美好生活需要，着力解决发展不平衡不充分的突出问题，围绕建立健全更加公平更可持续养老保险制度目标，从基本国情和养老保险制度建设实际出发，遵循社会保险大数法则，建立养老保险基金中央调剂制度，作为实现养老保险全国统筹的第一步。加快统一养老保险政策、明确各级政府责任、理顺基金管理体制、健全激励约束机制，不断加大调剂力度，尽快实现养老保险全国统筹。

（二）基本原则。

——促进公平。通过实行部分养老保险基金中央统一调剂使用，合理均衡地区间基金负担，提高养老保险基金整体抗风险能力。

——明确责任。实行省级政府扩面征缴和确保发放责任制，中央政府通过转移支付和养老保险中央调剂基金（以下简称中央调剂基金）进行补助，建立中央与省级政府责任明晰、分级负责的管理体制。

——统一政策。国家统一制定职工基本养老保险政策，逐步统一缴费比例、缴费基数核定办法、待遇计发和调整办法等，最终实现养老保险各项政策全国统一。

——稳步推进。合理确定中央调剂基金筹集比例，平稳起步，逐步提高，进一步统一经办规程，建立省级集中的信息系统，不断提高管理和信息化水平。

二、主要内容

在现行企业职工基本养老保险省级统筹基础上，建立中央调剂基金，对各省份养老保险基金进行适度调剂，确保基本养老金按时足额发放。

（一）中央调剂基金筹集。

中央调剂基金由各省份养老保险基金上解的资金构成。按照各省份职工平均工资的90%和在职应参保人数作为计算上解额的基数，上解比例从3%起步，逐步提高。

某省份上解额=（某省份职工平均工资×90%）×某省份在职应参保人数×上解比例。

各省份职工平均工资，为统计部门提供的城镇非私营单位和私营单位就业人员加权平均工资。

各省份在职应参保人数，暂以在职参保人数和国家统计局公布的企业就业人数二者的平均值为基数核定。将来条件成熟时，以覆盖常住人口的全民参保计划数据为基础确定在职应参保人数。

（二）中央调剂基金拨付。

中央调剂基金实行以收定支，当年筹集的资金全部拨付地方。中央调剂基金按照人均定额拨付，根据人力资源社会保障部、财政部核定的各省份离退休人数确定拨付资金数额。

某省份拨付额=核定的某省份离退休人数×全国人均拨付额。

其中：全国人均拨付额=筹集的中央调剂基金/核定的全国离退休人数。

（三）中央调剂基金管理。

中央调剂基金是养老保险基金的组成部分，纳入中央级社会保障基金财政专户，实行收支两条线管理，专款专用，不得用于平衡财政预算。中央调剂基金采取先预缴预拨后清算的办法，资金按季度上解下拨，年终统一清算。

各地在实施养老保险基金中央调剂制度之前累计结余基金原则上留存地方，用于本省（自治区、直辖市）范围内养老保险基金余缺调剂。

（四）中央财政补助。

现行中央财政补助政策和补助方式保持不变。中央政府在下达中央财政补助资金和拨付中央调剂基金后，各省份养老保险基金缺口由地方政府承担。省级政府要切实承担确保基本养老金按时足额发放和弥补养老保险基金缺口的主体责任。

三、健全保障措施

（一）完善省级统筹制度。

各省（自治区、直辖市）要在统一基本养老保险制度、缴费政策、待遇政策、基金使用、基金预算和经办管理的基础上，推进养老保险基金统收统支工作，并建立地方各级政府养老保险基金缺口责任分担机制。

（二）强化基金预算管理。

各级政府及财政、人力资源社会保障部门要切实加强基金预算编制和审核工作，严格规范收支内容、标准和范围，并按照批准的预算和规定的程序执行，不得随意调整。进一步强化基金预算的严肃性和硬约束，确保应收尽收，杜绝违规支出。

（三）建立健全考核奖惩机制。

将各省（自治区、直辖市）养老保险扩面征缴、确保基本养老金发放、严格养老保险基金管理、养老保险基金中央调剂制度落实等情况列入省级政府工作责任制考核内容，对工作业绩好的省级政府进行奖励，对出现问题的省级政府及相关责任人进行问责。具体办法另行制定。

（四）推进信息化建设。

建立全国养老保险缴费和待遇查询系统、养老保险基金中央调剂监控系统以及全国共享的中央数据库。在中央与地方之间以及各部门之间实现信息、数据互联互通，有效监控在职应参保人数和离退休人数，及时掌握和规范中央调剂基金与省级统筹基金收支行为，防范风险。

四、组织实施

建立养老保险基金中央调剂制度是加强基本养老保险体系建设的重要内容，事关改革、发展和稳定全局。各地区、各有关部门要统一思想，提高认识，加强领导，密切协调配合，精心组织实施。人力资源社会保障部、财政部要加强指导和监督检查，及时研究解决工作中遇到的问题，确保养老保险基金中央调剂制度顺利实施，同时抓紧制定养老保险全国统筹的时间表、路线图。

（三）相关文件

劳动和社会保障部 财政部关于推进企业职工基本养老保险省级统筹有关问题的通知

（2007年1月18日 劳社部发〔2007〕3号）

各省、自治区、直辖市劳动和社会保障、财政厅（局）：

近年来，各地按照国家有关规定，以确保企业离退休人员基本养老金按时足额发放为中心，在不断规范和完善省级调剂金制度的基础上，积极推进企业职工基本养老保险省级统筹工作的开展。为认真贯彻落实《国务院关于完善企业职工基本养老保险制度的决定》（国发〔2005〕38号）精神，加快实现省级统筹步伐，劳动保障部、财政部制订了《企业职工基本养老保险省级统筹标准》。现就有关问题通知如下：

一、充分认识省级统筹的重要意义。建立和完善企业职工基本养老保险省级统筹制度，是完善企业职工基本养老保险制度的重要内容，也是构建全国统一的劳动力市场和促进人才合理流动的客观要求。实现省级统筹，有利于提高企业职工基本养老保险制度抵御风险的能力，确保基本养老金的按时足额发放；有利于在更大范围内统一缴费基数、比例，规范养老保险待遇政策，促进参保职工跨地区流动；有利于减少管理层次和管理环节，提高基金使用效率；有利于规范基金运行，加强监督，确保基金安全。因此，各地要充分认识推进省级统筹的重要意义，认真研究解决当前存在的突出问题和主要矛盾，把加快实现省级统筹作为完善企业职工基本养老保险制度的一项重要工作抓紧抓好。

二、进一步明确省级统筹工作的重点。目前，尚未实现省级统筹的地区，应结合本地实际情况，明确工作重点。要统一缴费基数和比例，规范基本养老金计发办法；统一养老保险数据库和业务流程，为实现省级统筹创造条件；要明确确保基本养老金发放的责任，健全省、市、县三级基金缺口分担机制；完善全省基金收支预算管理制度，增强预算编制的科学性和合理性，逐步实现在全省范围内统一调度和使用基金；推进和规范市级统筹，积极创造条件，向省级统筹过渡；有条件的地区，要积极实行社会保险经办机构垂直管理。

三、认真抓好组织实施。各地要切实加强领导，密切配合，结合本地区实际情况，对照《企业职工基本养老保险省级统筹标准》，制订推进省级统筹的具体工作规划。要认真总结经验，及时研究解决工作中出现的新情况和新问题，保证推进省级统筹工作的稳步实施。

附件：企业职工基本养老保险省级统筹标准

附件

企业职工基本养老保险省级统筹标准

一、基本养老保险制度。全省执行统一的企业职工基本养老保险制度和政策。基本养老保险省级统筹办法由省级人民政府下发文件实施。

二、基本养老保险缴费。全省统一企业和职工缴纳基本养老保险费的比例、缴费基数全省统一规定。城镇个体工商户和灵活就业人员缴纳基本养老保险费的比例和基数全省统一规定。

三、基本养老保险待遇。基本养老金计发办法和统筹项目全省统一，基本养老金调整由省级人民政府按照国家规定部署实施，全省统一调整办法。

四、基本养老保险基金使用。基本养老保险基金由省级统一调度使用，实行统收统支，由省级直接管理。现阶段，也可采取省级统一核算、省和地（市）两级调剂，结余基金由省级授权地（市）、县管理的方式，其中，中央财政、省级财政补助资金和上解的调剂金由省级统一调剂使用。省级统一按国家规定组织实施基本养老保险基金投资运营。

五、省级基金预算。全省统一编制和实施基本养老保险基金预算，明确省、地（市）、县各级政府的责任。各地（市）、县严格按照批准的基金收支预算执行。预算调整按规定的程序进行。

六、基本养老保险业务规程。基本养老保险业务经办规程和管理制度全省统一；全省执行统一的数据标准、使用统一的应用系统。

人力资源社会保障部 财政部关于调整失业保险费率有关问题的通知

（2015年2月27日 人社部发〔2015〕24号）

各省、自治区、直辖市及新疆生产建设兵团人力资源社会保障厅（局）、财政厅（局）：

为了完善失业保险制度，建立健全失业保险费率动态调整机制，进一步减轻企业负担，促进就业稳定，经国务院同意，现就适当降低失业保险费率有关问题通知如下：

一、从2015年3月1日起，失业保险费率暂由现行条例规定的3%降至2%，单位和个人缴费的具体比例由各省、自治区、直辖市人民政府确定。在省、自治区、直辖市行政区域内，单位及职工的费率应当统一。

二、各地降低失业保险费率要坚持“以支定收、收支基本平衡”的原则。要充分考虑提高失业保险待遇标准、促进失业人员再就业、落实失业保险稳岗补贴政策等因素对基金支付能力的影响，结合实际，认真测算，研究制定降低失业保险费率的具体方案，经省级人民政府批准后执行，并报人力资源社会保障部和财政部备案。

三、各地要按照本通知的要求，抓紧研究制定本行政区降低失业保险费率的方案，尽早组织实施。执行中遇到的问题，要及时向人力资源社会保障部和财政部报告。

人力资源社会保障部 财政部关于阶段性降低社会保险费率的通知

（2016 年 4 月 14 日 人社部发〔2016〕36 号）

各省、自治区、直辖市及新疆生产建设兵团人力资源社会保障厅（局）、财政（财务）厅（局）：

为降低企业成本，增强企业活力，根据《中华人民共和国社会保险法》等有关规定，经国务院同意，现就阶段性降低社会保险费率有关事项通知如下：

一、从 2016 年 5 月 1 日起，企业职工基本养老保险单位缴费比例超过 20%的省（区、市），将单位缴费比例降至 20%；单位缴费比例为 20%且 2015 年底企业职工基本养老保险基金累计结余可支付月数高于 9 个月的省（区、市），可以阶段性将单位缴费比例降低至 19%，降低费率的期限暂按两年执行。具体方案由各省（区、市）确定。

二、从 2016 年 5 月 1 日起，失业保险总费率在 2015 年已降低 1 个百分点基础上可以阶段性降至 1%—1.5%，其中个人费率不超过 0.5%，降低费率的期限暂按两年执行。具体方案由各省（区、市）确定。

三、各地要继续贯彻落实国务院 2015 年关于降低工伤保险平均费率 0.25 个百分点和生育保险费率 0.5 个百分点的决定和有关政策规定，确保政策实施到位。生育保险和基本医疗保险合并实施工作，待国务院制定出台相关规定后统一组织实施。

社会保险费率调整工作政策性强，社会关注度高。各地要把思想和行动统一到党中央、国务院决策部署上来，加强组织领导，精心组织实施。要健全基本养老保险激励约束机制，确保基金应收尽收，实现可持续发展和长期精算平衡，并确保参保人员各项社会保险待遇标准不降低和待遇按时足额支付。要加强政策宣传，正确引导社会舆论。各地具体调整费率方案，经省级人民政府批准后执行，并报人力资源社会保障部、财政部备案。

各地贯彻落实本通知的情况以及工作中遇到的问题，请及时向人力资源社会保障部、财政部报告。

人力资源社会保障部 财政部关于阶段性降低失业保险费率有关问题的通知

（2017年2月16日 人社部发〔2017〕14号）

各省、自治区、直辖市及新疆生产建设兵团人力资源社会保障厅（局）、财政（财务）厅（局）：

为进一步减轻企业负担，增强企业活力，促进就业稳定，经国务院同意，现就阶段性降低失业保险费率有关问题通知如下：

一、从2017年1月1日起，失业保险总费率为1.5%的省（区、市），可以将总费率降至1%，降低费率的期限执行至2018年4月30日。在省（区、市）行政区域内，单位及个人的费率应当统一，个人费率不得超过单位费率。具体方案由各省（区、市）研究确定。

二、失业保险总费率已降至1%的省份仍按照《人力资源社会保障部 财政部关于阶段性降低社会保险费率的通知》（人社部发〔2016〕36号）执行。

三、各地降低失业保险费率，要充分考虑失业保险待遇按时足额发放、提高待遇标准、促进失业人员再就业、落实失业保险稳岗补贴政策等因素对基金支付能力的影响，结合实际，认真测算，研究制定具体方案，经省级人民政府批准后执行，并报人力资源社会保障部和财政部备案。

阶段性降低失业保险费率政策性强，社会关注度高。各地要把思想和行动统一到党中央、国务院决策部署上来，加强组织领导，精心组织实施。要平衡好降费率与保发放之间的关系，加强基金运行的监测和评估，确保基金平稳运行。各地贯彻落实本通知情况以及执行中遇到的问题，请及时向人力资源社会保障部、财政部报告。

人力资源社会保障部 财政部关于进一步完善企业职工基本养老保险省级统筹制度的通知

（2017年9月14日 人社部发〔2017〕72号）

各省、自治区、直辖市及新疆生产建设兵团人力资源社会保障厅（局）、财政（务）厅（局）：

2007年，原劳动保障部、财政部《关于推进企业职工基本养老保险省级统筹有关问题的通知》（劳社部发〔2007〕3号）下发以来，各地不断建立健全省级统筹制度，有效促进了养老保险政策统一，提高了管理水平和工作效率，增强了确保发放能力，也促进了人力资源合理流动。由于各地经济社会发展及推进工作力度存在差异，目前省级统筹工作开展尚不平衡，一些地区还存在政策不统一、管理不规范等问题。为了进一步完善省级统筹制度，推动实现全国统筹，现就有关问题通知如下：

一、各地要在基本养老保险制度、缴费政策、待遇政策、基金使用、基金预算和经办管理实现“六统一”的基础上，积极创造条件实现全省基本养老保险基金统收统支。省级统筹制度应覆盖全省（自治区、直辖市）所有地区，目前省内仍实行单独统筹的地区（含计划单列市、副省级省会城市、经济特区、各类开发园区等）要尽快将其纳入省级统筹范围，执行全省（自治区、直辖市）统一政策。

二、各地要严格按照国家统一规定执行基本养老保险费率政策，不得自行调整费率。需要调整时，须按规定报请人力资源社会保障部和财政部批复。违规自行出台费率调整政策的，要立即纠正。全省应执行统一的费率政策，目前企业职工基本养老保险费率尚未统一的省份，要制定过渡措施，最迟 2020 年实现全省费率统一。

三、各地要按照国家规定，统一基本养老保险单位缴费基数和个人缴费基数核定办法，并健全工作机制，夯实缴费基数。在确定个人缴费上下限基数等参数时，目前尚未使用全省在岗职工平均工资的，要制定过渡措施，尽快实现统一。

四、各地要严格执行国家统一的待遇政策，严格调控养老待遇水平，不得自行出台待遇政策或将统筹外项目纳入基本养老保险基金支付范围。企业退休人员基本养老金调整由省级人民政府按照国家规定统一部署实施，严格按照人力资源社会保障部、财政部批复的标准进行调整，全省实行统一的调整办法。

五、各地要在不断完善省级预算制度的基础上，加强对基本养老保险基金的统一调度使用。要明确省、地（市）、县各级政府的责任，进一步强化基金收支管理。要进一步建立健全省内基金缺口分担机制和基本养老保险基金管理的激励约束机制，在省级调剂制度和缺口分担机制中，进一步体现与工作绩效挂钩。

六、各地要统一全省企业职工基本养老保险业务经办规程，加强对各级经办机构的业务指导，实现规范化、统一化管理。要以实现全省统一信息系统为目标，尽快完成包括企业职工基本养老保险在内的社会保险信息系统和数据向省级集中，推动信息的纵向互通、横向共享。健全完善线上线下公共服务体系，为参保人员提供更加便捷的服务。

完善企业职工基本养老保险省级统筹制度是深化养老保险制度改革的重要内容，关系改革、发展和稳定的大局。各地要高度重视，切实加强领导，健全工作机制，认真组织实施，促进养老保险制度的健康持续发展。

人力资源社会保障部 财政部关于继续阶段性降低社会保险费率的通知

（2018 年 4 月 20 日　人社部发〔2018〕25 号）

各省、自治区、直辖市及新疆生产建设兵团人力资源社会保障、财政厅（局）：

为进一步降低企业用工成本，增强企业发展活力，根据《中华人民共和国社会保险法》等有关规定，经国务院同意，现就继续阶段性降低社会保险费率有关事项通知如下：

一、自 2018 年 5 月 1 日起，企业职工基本养老保险单位缴费比例超过 19%的省（区、市），以及按照《人力资源社会保障部 财政部关于阶段性降低社会保险费率的通知》（人社部发〔2016〕36 号）单位缴费比例降至 19%的省（区、市），基金累计结余可支付月数（截至 2017 年底，下同）高于 9 个月的，可阶段性执行 19%的单位缴费比例至 2019 年 4 月 30 日。具体方案由各省（区、市）研究确定。

二、自 2018 年 5 月 1 日起，按照《人力资源社会保障部 财政部关于阶段性降低失业保险费率的通知》（人社部发〔2017〕14 号）实施失业保险总费率 1%的省（区、市），延长阶段性降低费率的期限至 2019 年 4 月 30 日。具体方案由各省（区、市）研究确定。

三、自 2018 年 5 月 1 日起，在保持八类费率总体稳定的基础上，工伤保险基金累计结余可支付月数在 18（含）至 23 个月的统筹地区，可以现行费率为基础下调 20%；累计结余可支付月数在 24 个月（含）以上的统筹地区，可以现行费率为基础下调50%。降低费率的期限暂执行至2019年4月30日。下调费率期间，统筹地区工伤保险基金累计结余达到合理支付月数范围的，停止下调。具体方案由各省（区、市）研究确定。

继续阶段性降低社会保险费率，是党中央、国务院做出的重要部署，政策性强，社会关注度高。各地务必精心组织实施，一是要做好政策的衔接，保证政策连续性，确保基金征缴工作平稳有序；二是要加强政策宣传，正确引导舆论，切实增强广大参保企业和群众的获得感；三是要加强基金收支管理，防范和化解基金运行风险，确保参保人员各项社会保险待遇标准不降低和待遇按时足额支付。

各地具体调整费率方案，经省级人民政府批准后执行，并报人力资源社会保障部、财政部备案。

人力资源社会保障部办公厅关于贯彻落实国务院常务会议精神切实做好稳定社保费征收工作的紧急通知

（2018年9月21日　人社厅函〔2018〕246号）

各省、自治区、直辖市及新疆生产建设兵团人力资源社会保障厅（局）：

为深入贯彻落实2018年9月6日和9月18日国务院常务会议关于社保费征收体制改革的有关精神，确保征收体制改革平稳有序推进，维护经济社会发展稳定大局，现就稳定社保费征收工作有关事项紧急通知如下：

一、充分认识稳定社保费征收工作的重要意义。社保费征收既关系到社会保障事业健康发展和参保人员切身利益，同时也影响到参保单位特别是参保企业的生产经营和长远发展，社会关注度极高，在当前复杂形势下，进一步激发市场主体活力，稳定社会预期尤为重要。各地人社部门要切实提高政治站位，把思想和行动统一到党中央和国务院有关精神上来，把稳定征收作为当前社保工作的首要政治任务，不折不扣全力抓好落实。

二、严格执行现行各项社保费征收政策。党中央做出的将基本养老保险费、基本医疗保险费、失业保险费等各项社会保险费交由税务部门统一征收的决定，只是征收主体的变更，并未调整现行社保费征收政策。当前，我部正根据国务院要求，会同相关部门抓紧开展测算分析，提出适当降低单位社保缴费比例、确保总体上不增加企业缴费负担的具体政策措施。在社保征收机构改革到位前，各地现行的社保缴费基数、费率等相关征收政策，要一律保持不变。

三、严禁自行组织对企业历史欠费进行集中清缴。目前，仍承担社保费征缴和清欠职能职责的地区，要稳妥处理好历史欠费问题，严禁自行对企业历史欠费进行集中清缴。已经开展集中清缴的，要立即纠正，并妥善做好后续工作。

四、积极做好征收体制改革相关准备工作。各地人社部门及社保经办机构要与税务等部门加强协作，抓紧开发建设信息共享平台，要梳理问题清单，逐一拟定实施解决方案，确保机构改革到位后，能记好账，记准数，各项业务正常运转，参保人权益得到切实保障。改革过程中，各级社保经办机构要依法履职尽责，始终做好参保登记、会计核算、统计调查、基金预决算等各项业务工作，确保工作不断档、不缺位。

五、加强督促检查，确保党中央国务院要求落实到位。各地人社部门要立即组织开展一次全面排查，发现问题及时整改。下一步，部里将按照国务院要求，联合相关部门对各地落实情况进行重点督查，对违反规定的将严肃处理。

各地排查情况及工作中发现的新情况和新问题，请及时向我部报告。

人力资源社会保障部 财政部关于2019年调整退休人员基本养老金的通知

（2019年3月13日 人社部发〔2019〕24号）

各省、自治区、直辖市人民政府，国务院各部委、各直属机构，新疆生产建设兵团：

经国务院批准，从2019年1月1日起调整企业和机关事业单位退休人员（以下简称退休人员）基本养老金水平。现就有关事项通知如下：

一、调整范围。2018年12月31日前已按规定办理退休手续并按月领取基本养老金的退休人员。

二、调整水平。总体调整水平按照2018年退休人员月人均基本养老金的5%左右确定。

三、调整办法。继续采取定额调整、挂钩调整与适当倾斜相结合的办法，并实现企业和机关事业单位退休人员调整办法基本统一。定额调整要体现公平原则；挂钩调整要体现“长缴多得”、“多缴多得”的激励机制，可与退休人员本人缴费年限（或工作年限）、基本养老金水平等因素挂钩；对高龄退休人员、艰苦边远地区退休人员，可适当提高调整水平。继续确保企业退休军转干部基本养老金不低于当地企业退休人员平均水平。要兼顾公平与激励，合理确定定额调整、挂钩调整与适当倾斜三部分比重。

四、资金来源。调整基本养老金所需资金，参加企业职工基本养老保险的从企业职工基本养老保险基金中列支，参加机关事业单位工作人员基本养老保险的从机关事业单位基本养老保险基金中列支。对中西部地区、老工业基地、新疆生产建设兵团和在京中央国家机关及所属事业单位，中央财政予以适当补助。未参加职工基本养老保险的，调整所需资金由原渠道解决。

五、组织实施。调整退休人员基本养老金，是提高保障和改善民生水平的重要措施，体现了党中央、国务院对广大退休人员的亲切关怀。各地区要高度重视，切实加强领导，精心组织实施，加强宣传解读，正确引导舆论，确保各项工作平稳进行。要按照国务院统一部署，结合本地区实际，制定具体实施方案，于2019年5月31日前报送人力资源社会保障部、财政部审批。要严格按照两部批准的实施方案执行，切实采取措施加强养老保险基金收支管理，提前做好资金安排，把各项调整政策落实到位，确保基本养老金按时足额发放，不得发生新的拖欠。对自行提高调整水平、突破调整政策、存在违规一次性补缴或提前退休行为的地区，将予以批评问责，并相应扣减中央财政补助资金。在京中央国家机关及所属事业单位的调整方案由人力资源社会保障部、财政部制定并组织实施。

人力资源社会保障部办公厅 财政部办公厅关于确定城乡居民基本养老保险基金委托投资省(区、市)启动批次的通知

(2019年2月25日 人社厅发〔2019〕33号)

各省、自治区、直辖市及新疆生产建设兵团人力资源社会保障厅(局)、财政厅(局):

为贯彻落实《基本养老保险基金投资管理办法》(国发〔2015〕48号),更好地促进城乡居民基本养老保险基金(以下简称居民养老基金)保值增值,2018年8月,人力资源社会保障部、财政部印发了《关于加快推进城乡居民基本养老保险基金委托投资工作的通知》(人社部发〔2018〕47号,以下简称《通知》),明确从2018年起,各省(区、市)按年分批启动,到2020年底全面实施居民养老基金委托投资工作。截至2018年底,上海市、湖北省、广西壮族自治区、重庆市、四川省、云南省、西藏自治区、陕西省、甘肃省等9省(区、市)已经启动实施,圆满完成当年目标任务。

根据各地基金结余、支付能力、基础条件等情况,并结合各地意愿,人力资源社会保障部、财政部研究确定了2019年启动居民养老基金委托投资工作省份名单为:河北省、吉林省、江苏省、浙江省、安徽省、福建省、河南省、广东省、青海省。请上述9省人力资源社会保障厅、财政厅按照《通知》要求,抓紧开展调查摸底、资金测算等工作,明确委托投资额度并向省政府

提交具体实施计划，经省政府同意后函告人力资源社会保障部、财政部，确保在 2019 年底前与全国社会保障基金理事会签署委托投资合同。

未列入 2019 年启动名单的北京市、天津市、山西省、内蒙古自治区、辽宁省、黑龙江省、江西省、山东省、湖南省、海南省、贵州省、宁夏回族自治区、新疆维吾尔自治区、新疆生产建设兵团，要尽快将居民养老基金委托投资工作列入议程，抓紧制订工作计划、明确责任人员、确定实施步骤，确保在 2020 年底前全部启动实施。

各省（区、市）要按照《通知》要求，持续扩大居民养老基金投资规模，确保 2017 年及之后年度新增结余的 80%用于开展委托投资，以实现既定政策目标。工作过程中需要两部和全国社会保障基金理事会提供业务指导和技术支持的，请及时与人力资源社会保障部社会保险基金监管局、财政部社会保障司联系。

财政部 税务总局关于全国社会保障基金有关投资业务税收政策的通知

（2018 年 9 月 10 日 财税〔2018〕94 号）

各省、自治区、直辖市、计划单列市财政厅（局），国家税务总局各省、自治区、直辖市、计划单列市税务局，新疆生产建设兵团财政局：

现将全国社会保障基金理事会（以下简称社保基金会）管理的全国社会保障基金（以下简称社保基金）有关投资业务税收政策通知如下：

一、对社保基金会、社保基金投资管理人在运用社保基金投资过程中，提供贷款服务取得的全部利息及利息性质的收入和金融商品转让收入，免征增值税。

二、对社保基金取得的直接股权投资收益、股权投资基金收益，作为企业所得税不征税收入。

三、对社保基金会、社保基金投资管理人管理的社保基金转让非上市公司股权，免征社保基金会、社保基金投资管理人应缴纳的印花税。

四、本通知自发布之日起执行。通知发布前发生的社保基金有关投资业务，符合本通知规定且未缴纳相关税款的，按本通知执行；已缴纳的相关税款，不再退还。

财政部 税务总局关于基本养老保险基金有关投资业务税收政策的通知

（2018 年 9 月 20 日 财税〔2018〕95 号）

各省、自治区、直辖市、计划单列市财政厅（局），国家税务总局各省、自治区、直辖市、计划单列市税务局，新疆生产建设兵团财政局：

现将全国社会保障基金理事会（以下简称社保基金会）受托投资的基本养老保险基金（以下简称养老基金）有关投资业务税收政策通知如下：

一、对社保基金会及养老基金投资管理机构在国务院批准的投资范围内，运用养老基金投资过程中，提供贷款服务取得的全部利息及利息性质的收入和金融商品转让收入，免征增值税。

二、对社保基金会及养老基金投资管理机构在国务院批准的投资范围内，运用养老基金投资取得的归属于养老基金的投资收入，作为企业所得税不征税收入；对养老基金投资管理机构、养老基金托管机构从事养老基金管理活动取得的收入，依照税法规定征收企业所得税。

三、对社保基金会及养老基金投资管理机构运用养老基金买卖证券应缴纳的印花税实行先征后返；养老基金持有的证券，在养老基金证券账户之间的划拨过户，不属于印花税的征收范围，不征收印花税。对社保基金会及养老基金投资管理机构管理的养老基金转让非上市公司股权，免征社保基金会及养老基金投资管理机构应缴纳的印花税。

四、本通知自发布之日起执行。本通知发布前发生的养老基金有关投资业务，符合本通知规定且未缴纳相关税款的，按本通知执行；已缴纳的相关税款，不再退还。

国家税务总局办公厅关于印发《降低社会保险费率缴费服务工作方案》的通知

（2019 年 4 月 15 日）

国家税务总局各省、自治区、直辖市和计划单列市税务局，国家税务总局驻各地特派员办事处，局内各单位：

现将《降低社会保险费率缴费服务工作方案》印发给你们，请遵照执行。

降低社会保险费率缴费服务工作方案

为深入贯彻落实党中央、国务院关于实施更大规模减税降费的决策部署，确保《降低社会保险费率综合方案》落到实处，增强缴费人获得感，现就做好缴费服务相关工作制定本方案。

一、目标任务

聚焦降低社会保险费率、调整社会平均工资口径等政策，按照“准实快优”的要求，精准宣传培训、落实服务措施、快速处理问题、优化服务质效，切实做到分工明确、措施有力、整体稳定、税费协同，确保税务机关负责征收的缴费单位特别是小微企业社会保险缴费负担有实质性下降，增强缴费人获得感。

二、工作措施

（一）宣传培训要“准”

1. 把准宣传定位。各地税务机关要围绕社会保险费降费工作，按照税务总局的部署，把握时间节点，有序推进宣传工作。既要建立内部专项工作机制，规范政策宣传口径，又要与同级人社、医保等部门加强沟通，统一政策解读口径；既要开展全覆盖宣传，又要对制造业、服务业、小微企业、民营企业的负责人和办费人员等通过网站专栏开展针对性宣传；既要加强税费集成宣传，提升宣传效率，又要根据税费差异，准确确定政策推送内容。

2. 拓展宣传方式。各地税务机关要针对企业、机关事业单位分类拓展宣传方式。要通过网站专栏、在线访谈、纳税人学堂、办税服务厅咨询服务岗、电子税务局、“两微一端”等方式，向企业和机关事业单位推送降低社会保险费率政策。要发动社会力量并通过公共信息发布平台，让适用政策的缴费人应享尽享、有知有感。各地税务机关要主动协调，加强与社保部门12333公共服务平台的业务衔接和协同联动，有条件的地区在保持12366独立性的前提下，通过与12333系统的对接互转，进一步实现12366与12333优势互补、协同服务，形成宣传合力。

3. 用准宣传媒介。税务总局将下发《社保降费问题解答》，省以下各级税务机关要根据新出台的政策内容，主动收集、完整梳理本地政策，结合实际情况印制宣传手册，发放给缴费人或在大厅醒目处摆放，提供给缴费人使用。同时针对不同类型缴费人的需求和特点，创新制作生动形象、亮眼鲜活的动漫、视频、政策图解等宣传辅导产品，确保缴费人听得懂、看得明、记得牢。

4. 精准缴费辅导。各地税务机关要在办税服务厅设置政策落实咨询服务岗，为缴费人咨询降低社会保险费率政策提供专门服务，辅导缴费人办费流程、表单填写等相关事项；要针对社保费统筹区之间征收期限、缴费基数、办理流程等政策差异，设置充足的12366远程坐席，为不同地区提供准确、实用的咨询服务。对工作过程中发现的重点、热点问题，要采取多种形式进行重点辅导。

5. 定准培训要求。税务总局已与人力资源社会保障部举办联合培训，并开展全国税务系统“一竿子插到底”的视频培训，指导各地及时培训一线人员。各地税务机关要合理安排培训时间，结合本地实际开展联合培训和系统内部培训。要及时组织开展12366和办税服务厅全员业务培训，确保12366坐席人员学得懂、答得准，确保办税服务厅一线人员懂政策、会操作；还要组织其他业务部门人员开展社会保险费基础知识培训，确保税务工作人员知政策、能宣传。

（二）服务措施要“实”

6. 充实缴费渠道。各地税务机关要在保持原有缴费渠道不变的基础上，积极拓展缴费人单位客户端、电子税务局、网上银行、手机APP、自助缴费终端、委托代收、办税服务厅等线上线下多种便捷缴费渠道，为缴费人提供多元化缴费方式，提升缴费服务水平，优化缴费人体验，增强缴费人的获得感。

7. 简化缴费流程。各地税务机关要结合本地政府对社会保险费征缴工作要求和实际征缴模式，确定本地缴费服务操作要求，进一步优化征缴流程，压缩办理时限。自主申报地区还要继续扩大“免填单”服务覆盖范围，简化办理缴费报送资料。

8. 落实申报提醒。各地税务机关要围绕降低社会保险费率政策在征管方面带来的变化，通过电子税务局及客户端在缴费人申报环节提供政策推送和事项提示功能；自主申报地区税务机关还要自行优化系统，为缴费人提供在线申报辅导、数据校验和自查自检功能，确保缴费人正确申报。缴费人在办税服务厅办理缴费申报业务时，窗口人员要将信息系统提示的校验或提示信息及时告知缴费人，并做好咨询服务工作。

9. 缩减缴费时间。各地税务机关要在时间错峰、场所错峰、渠道错峰基础上，进一步优化完善错峰申报措施，对享受降低社会保险费率政策的单位缴费人应按企业类型、办理业务等不同类别合理引导办费；要在办税服务厅安排人员负责引导缴费人正确办理缴费事宜，提升缴费人缴费体验。

10. 合理配置窗口。各地税务机关要在现有办税服务厅窗口的基础上，根据本地不同缴费群体的特点和缴费习惯，合理调整人员力量和窗口配置，采取增设窗口、专窗服务等办法，强化服务能力，提高服务效率。

（三）问题处置要“快”

11. 快捷响应诉求。各地税务机关要通过12366纳税服务热线、网站、公共服务平台等渠道，广泛收集缴费人对降低社会保险费率政策落实、执法规范、缴费服务等方面的问题，及时研究处理。要畅通投诉接收和处理渠道，妥善处理降低社会保险费率政策执行方面的征缴服务投诉，确保投诉受理及时、处置得当、移交顺畅、反馈迅速，有效保障缴费人待遇不受影响。

12. 快速应急处理。各地税务机关要全面评估缴费服务风险，建立缴费秩序、系统网络等突发事件应急处理机制，明确部门职责，细化衔接措施，快速响应处理，保障缴费人的合法权益，维护正常征缴秩序。

13. 畅通直联直报。税务总局通过直联点，税费同步按周汇总整理各地缴费人特别是小微企业降低社会保险费率政策落实情况。各地税务机关要参照建立情况直报机制，按周“点对点”收集缴费人在缴费政策、办理流程、系统操作等方面的问题和建议，跟踪降费政策落实情况。

（四）服务质效要“优”

14. 深化部门配合。各地税务机关要充分发挥政府工作协调机制作用，加强与人社、医保等部门的协同配合，按照部门间职责分工，做好降低社会保险费率政策解读、多缴退费、补助享受、权益记录、待遇支付、争议处理等工作，共同做好降费政策宣传引导工作，建立疑难问题解答机制，确保缴费人享受政策。

15. 转化调查成果。税务总局将借鉴纳税人满意度调查等模式，组织专门力量或委托第三方，研究制定评价缴费人感受的指标体系，从更多维度反映降费实施成效。以缴费人的满意度作为衡量政策落实成效的重要指标，检验服务标准高不高、推进措施实不实、工作作风硬不硬，查找突出问题和薄弱环节，提出针对性改进建议。调查结束后，各地税务机关要迅速根据调查结果认真查找短板、整改问题。

16. 优化服务制度。各地税务机关要根据缴费人通过 12366 热线、需求调查、满意度调查、缴费服务成效评价等渠道反映的实际需求和实际工作中出现的热点、难点问题，聚焦影响获得感的相关因素，真正摸清政策落实情况、弄清诉求，倒推政策完善和管理服务优化，不断提升缴费服务质效。

三、工作要求

各地税务机关要把落实降低社会保险费率政策作为一项重要任务，务必如期完成各项工作，周密部署、扎实推进、加强协作、总结提升、注重实效、改进完善，确保社会保险费降费政策落到实处。

（一）提高思想认识，积极主动作为。降低社会保险费率是减轻企业负担、优化营商环境、完善社会保险制度的重要举措。各地税务机关要切实把思想和行动统一到党中央、国务院的决策部署上来，进一步增强落实好降低社会保险费率缴费服务工作的政治责任感和工作主动性，确保企业和人民群众有实实在在的获得感。

（二）切实加强领导，狠抓责任落实。各地税务机关要将落实《降低社会保险费率综合方案》作为今年减税降费工作的重要一环，统筹谋划、周密部署、迅速行动，把责任坚决扛起来，让任务坚决落到地。同时，要积极争取各地党委、政府的支持，争取同级财政、人社、医保等部门的协作，共同做好落实降低社会保险费率政策的各项缴费服务工作。

（三）严肃工作纪律，确保工作质效。各地税务机关要牢固树立保障缴费人合法权益、为缴费人做好服务的理念，要把落实好降率综合方案当做硬任务，严明工作要求，扛牢压实责任，确保各项缴费服务工作不折不扣落实到位。

国家税务总局关于进一步做好减税降费政策落实工作的通知

（2019 年 4 月 12 日　税总发〔2019〕54 号）

国家税务总局各省、自治区、直辖市和计划单列市税务局，国家税务总局驻各地特派员办事处，局内各单位：

今年以来，各级税务机关坚决贯彻党中央、国务院关于减税降费的决策部署，真抓实干，采取一系列过硬措施，确保个人所得税第二步改革顺利推进、小微企业普惠性减税政策及时落地、深化增值税改革平稳实施、社保费及非税收入降费准备工作有序推进，实现了 2019 年减税降费工作的良好开局。为进一步深入贯彻党中央、国务院决策部署，统筹做好 2019 年新出台和以前年度已实施的减税降费政策落实工作，更好服务经济社会发展大局，现就有关工作通知如下：

一、进一步深刻认识全面落实减税降费政策的重要性

各级税务机关要深刻认识到，无论是今年新出台的减税降费政策还是往年已实施的减税政策，都是深化供给侧结构性改革、增强市场主体活力、服务经济高质量发展的重要举措，任何一项政策落实不力都会直接影响纳税人和缴费人的获得感，都会直接影响整个减税降费工作的成效。因此，落实好新老减税降费政策都是税务部门必须抓实抓细抓好的重大政治任务、硬任务。各级税务机关要在具体落实过程中，合理安排、统筹调度资源和力量，确保新政策和老政策不折不扣落实到位，确保打好新政策加力和老政策固力的“组合拳”，既不能让新出台政策“打白条”，也不能让已有老政策打折扣，确保所有减税降费政策措施全面落实到位。

二、进一步细致做好减税降费政策的梳理工作

各级税务机关既要对新政策"了然于胸"，也要对老政策"心中有数"，确保政策落实工作无缺失、无漏项、无死角。税务总局正在抓紧编辑修订《税收优惠政策汇编》，对国家统一规定的所有现行有效的税收优惠政策进行系统地归类梳理，完成后将尽快下发给各地税务机关参考。各地税务机关也要细致梳理地方政府依据国家授权制定的本地区适用的税收优惠政策，形成税收优惠政策清册，逐项对照抓好落实。

三、进一步精准抓好减税降费政策的宣传辅导

各级税务机关在对 2019 年出台的新政策开展全覆盖、多轮次宣传辅导的同时，也要重视对以前年度出台的老政策的宣传辅导工作，针对落实中暴露出来的弱项、短板，采取更具针对性的方法开展宣传辅导，务求高质量、好效果。4 月底前，各地税务机关要组织好第三轮减税降费宣传辅导工作，对新老政策统筹开展深入细致的答疑解惑。对适用范围广、普惠性强的政策，继续通过门户网站、手机 APP、微信、短信等渠道，进一步扩大宣传覆盖面，加深纳税人和缴费人对政策的知晓度和掌握度；对优惠对象界定明确、适用范围指向具体，特别是采取"名单式"管理的减免税政策，要通过加强沟通协作、推进信息共享等方式，主动向有关部门全面了解掌握适用政策的纳税人名单，进一步将政策"点对点""面对面"地精准推送到户、精细辅导到位；对在执行中反映问题较多、落实难度较大的政策，要通过专门走访、专题座谈、专项辅导等方式，与纳税人和缴费人进行互动式沟通交流，加深对政策的理解，并积极查找政策执行中的症结，有针对性地加以改进，推进政策更好地落实落地。

四、进一步提高享受减税降费政策的便利性

近年来，税务系统"放管服"改革不断深入，陆续取消了若干涉及减税降费的税务证明事项，大幅精简了减免税办理流程，多次扩展了“最多跑一次”范围，大量压缩了需要纳税人提交的资料，大部分事前备案事项改为留存备查，税收优惠政策管理方式向简便易行方向明显转变。以前年度出台实施的税收优惠政策虽然内容没有变化，但操作更为简便，纳税人享受更加便利。各级税务机关要牢固树立以纳税人和缴费人为中心的服务理念，进一步贯彻落实简政放权要求，严格按照新的管理方式、征管流程，落实好各项减税降费政策。特别是对老政策也要按新要求来抓落实，绝不能固守老习惯、照搬老办法，坚决杜绝变相增设管理要求、增加享受难度、增添办理负担的情况发生，确保纳税人和缴费人及时、便利、充分享受政策红利。

五、进一步扎实全面做好减税降费政策核算分析

各级税务机关在做好 2019 年新增减税降费政策统计核算工作的同时，对以前年度出台的优惠政策要继续按照相关工作规范做好统计核算工作。要进一步完善数据质量保障机制，不断提高前端源头数据的准确性，理顺数据核查、会审、差错数据更正等后端纠错业务流程，切实提高减税降费数据统计质量。同时，要进一步加强减免税分析，力求全面、及时、准确、深入，确保新政策和老政策的运行情况都能得到完整反映，实施成效都能得到充分展现。

六、进一步加强减税降费政策执行情况反馈

各级税务机关既要密切跟踪新政策实施情况，也要持续关注老政策执行效果，持续完善税收政策执行情况反馈机制，及时反映政策实施中存在的问题和意见建议。要重点选取执行中操作性不强、受益面有限、纳税人获得感不明显，以及减免税数据反映落实情况异常的政策，开展深入调研、深度剖析，分门别类查找原因，认真研究“对症施策”的有效办法，积极提出意见建议。对偶发性、局部性的问题，要立足本地实际，及时研究采取有针对性的解决措施；对多发性、普遍性的问题，要及时向上级税务机关反映报告，并提出解决问题的意见建议。税务总局相关业务部门对各渠道反映的减税降费政策执行问题，要抓紧研究、及时应对。对能够通过文件明确的，要及时制发文件；对适宜通过问答方式回应的，要及时发布问答口径；对征管操作问题，要及时提出处理意见；对政策调整问题，要积极会同有关部门认真研究，有力有效推动各项减税降费政策在落实中不断完善，在完善中更好落实。